UNTERRICHTSIDEEN

Lernangebot: Steine

Fächerverbindendes Material für den Angebotsunterricht im 3. und 4. Schuljahr

Erprobt
und
vorgestellt
von
Dorothea Grüttner
und
Ursula Wrede

Ernst Klett Grundschulverlag
Leipzig Stuttgart Düsseldorf

Quellenverzeichnis

Texte

Bydlinski, Georg: Der Stein (S. 66). Aus: Überall und neben dir. Hrsg.: Hans-Joachim Gelberg. – © 1986 by Beltz Verlag, Weinheim und Basel, Programm Beltz & Gelberg, Weinheim.

Ferra-Mikura, Vera: Steine (S. 69 f.). Aus: Der Wald hat Ohren, das Feld Augen. – © 1988 by Verlag Jugend & Volk, Wien und München.

Fried, Erich: Humorlos (S. 63). Aus: Anfechtungen. – © 1967 by Verlag Klaus Wagenbach, Berlin.

Fröhlich, Roswitha: Der Zauberstein (S. 68). Aus: Überall und neben dir. Hrsg.: Hans-Joachim Gelberg. – © 1986 by Beltz Verlag, Weinheim und Basel, Programm Beltz & Gelberg, Weinheim.

Guggenmos, Josef: Die Kiesel (S. 59). Aus: Was denkt die Maus am Donnerstag? – © 1968 by Georg Bitter Verlag, Recklinghausen. – Ein Riese warf einen Stein (S. 63). Aus: Was denkt die Maus am Donnerstag? – © 1968 by Georg Bitter Verlag, Recklinghausen. – Versteinerung (S. 44). Aus: Oh, Verzeihung, sagte die Ameise. – © 1990 by Beltz Verlag, Weinheim und Basel, Programm Beltz & Gelberg, Weinheim.

Heckmann, Herbert: Der Stein im Himmel (S. 60). Aus: Geschichten vom Löffelchen. – Gertraud Middelhauve Verlag, Köln. Rechte beim Autor.

Hohler, Franz: Der Granitblock im Kino (S. 72). Aus: Der Granitblock im Kino – Geschichten. – Ravensburger Verlag 1981. Rechte beim Autor. – Vom Stein, der sich kratzen wollte (S. 72). Aus: Der Riese und die Erdbeerkonfitüre. – © 1993 by Ravensburger Verlag.

Kilian, Susanne. Der Stein (S. 64 f.). Aus: Kinderkram. – © 1987 by Beltz Verlag, Weinheim und Basel, Programm Beltz & Gelberg, Weinheim.

Propson, Ingeborg/Schulze, Brigitte: Der Stein (S. 67). Aus: Xa Lando – Lernen als Abenteuer, Ausgabe B, Band 2. – © 1995 by Verlag Ferdinand Schöningh, Paderborn.

Ringelnatz, Joachim: Der Stein (S. 58). Aus: Das Gesamtwerk in sieben Bänden. – © 1994 by Diogenes Verlag, Zürich.

Schmidt, Alois: Wenn ein Feuerstein erzählen könnte (S. 47 f.). Aus: Sachunterricht und Mathematik in der Primarstufe. – © 1981 by Aulis Verlag Deubner & Co, Köln.

Schweiggert, Alfons: Was willst du denn eigentlich (S. 71). Aus: Wer viel fragt, kriegt viel gesagt. – Parabel Verlag, Köln. Rechte beim Autor.

Lieder

Foltz, Karl (Rhythmisches Sprechspiel)/Deutsches Sprichwort (Text): Steter Tropfen höhlt den Stein (S. 55 f.). Aus: Esel auf dem Eis. – © 1969 by Möseler Verlag, Wolfenbüttel.

Kreusch-Jacob, Dorothée (Text und Melodie): Kieselstein, Zauberstein (S. 65 f.). Aus: Lieder aus der Stille. – © 1995 by Patmos Verlag, Düsseldorf.

Vahle, Fredrik (Text und Melodie): Der Stein (S. 61 f.). Aus: Gehupft wie gesprungen. – © 1994 by Patmos Verlag, Düsseldorf.

Fotos

Frank Dumschat, Meinersen (S. 9 rechts, 34 links), Maria Enkler, Bremen (S. 27, 45, 50, 51), Dorothea Grüttner, Bremen (S. 9 links und Hintergrund, 11, 13, 36), Heike Stück, Bremen (S. 12), Ursula Wrede, Achim (S. 9 oben, 34 rechts, 41, 42)

1. Auflage 1 6 5 4 3 2 | 2003 2002 2001 2000 99

Dieses Werk folgt der reformierten Rechtschreibung
und Zeichensetzung.
Die letzte Zahl bezeichnet das Jahr dieses Druckes.

Internetadresse: http://www.klett-verlag.de

Redaktion: Christine Thirase-Nitzschke, Herrenberg

Grafik: Elfriede Rummel, Dietmannsried
Satz: Steffen Hahn GmbH, Kornwestheim
Druck: Wilhelm Röck, Weinsberg
ISBN 3-12-196105-5

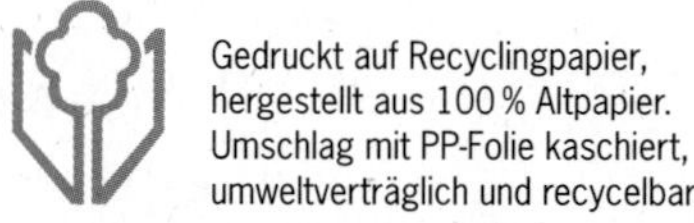

Inhalt

Hinweis:

Auf der Randspalte erfolgen die Querverweise auf die zu den Aufgaben gehörenden Kopiervorlagen wie folgt: 2

1 Lehren und Lernen im Angebotsunterricht

1.1 Einleitung

Bei dem „Lernangebot: Steine" handelt es sich um ein ganzheitliches, fächerverbindendes Unterrichtsvorhaben, das praxiserprobt ist und sich an den Interessen von Grundschulkindern und ihrem individuellen Entwicklungsstand orientiert. Auch werden die Kinder an der Planung und Gestaltung des Unterrichts beteiligt. Indem sie in sinnvollen Zusammenhängen lernen, erleben sie Schule als Lern-, Lebens- und Erfahrungsraum.

Intention

Unser Anliegen ist es den Kindern Material und Informationen an die Hand zu geben, die sie befähigen eigene Beiträge zum Thema zu entwickeln. Diese Motivation sollte sich räumlich und zeitlich auch über den Schulalltag hinaus auswirken. In einer sich ständig verändernden Welt erfährt auch die Grundschule Neuerungen, die Unterricht, Kinder und Lehrer*) zur Neuorientierung verpflichten. U. a. fordert die zunehmende Heterogenität in den Lerngruppen verstärkt *individuelle Lernangebote,* die am besten in einem *fächerübergreifenden Unterricht* verwirklicht werden können. Auch das *Prinzip der Ganzheitlichkeit* kann in einem solchen Unterricht am ehesten umgesetzt werden.

Mit unseren Unterrichtsvorschlägen tragen wir diesen Erfordernissen Rechnung und stellen hiermit eine spezielle Form des offenen Unterrichts vor: den Angebotsunterricht. Das Besondere daran ist, dass die Interessen und Fähigkeiten der Kinder aufgenommen und individuell erweitert werden. Diese Vorgehensweise bildet sich im Wahl- und Pflichtprogramm ab, welches sowohl auf dem *enaktiven* als auch auf dem *ikonischen* und dem *formal-symbolischen* Anspruchsniveau jeweils ein Lernangebot beinhalten sollte. Alle Anregungen dazu wurden in der Schulpraxis mehrfach überprüft und haben sich bewährt.

Zum Thema

Was auf den ersten Blick als wenig kindgemäßes Thema erscheinen mag, entpuppt sich bald als facetten- und umfangreiches Arbeitsgebiet: Steine tauchen auf in Märchen, Sprichwörtern, Redewendungen und in vielen anderen Texten. Im sachunterrichtlichen Bereich kann das Thema dem Forschungsdrang der Kinder entgegenkommen: Sie können mit Steinen experimentieren, sie ordnen und vergleichen. Auch in den musischen Lernbereichen ergeben sich etliche Aktivitäten zu diesem Thema, die die Kreativität anregen und fördern.

Zum Einsatz

Gedacht ist unser Projekt für die Klassen 3 und 4. Zum Teil lassen sich einige Angebote und Vorschläge bereits in Klasse 1 und 2 realisieren. Die Beschäftigung mit Steinen ist an keine bestimmte Jahreszeit gebunden: Steine stehen immer zur Verfügung.

Einen guten Einstieg in das Thema bieten die vielfältigen Texte in Kapitel 3.8. Dadurch angeregt können die Kinder eigene Erlebnisse und neue Aktivitäten beisteuern. Dies reicht vom sinnlichen Erleben und Erzählen bis zum Anfertigen eigener Texte und gegenständlicher Produkte aus Steinen. Ebenso könnte eine gemeinsam angelegte Steinsammlung Ausgangspunkt für das Vorhaben sein. Das schließt nicht aus, dass Kinder ihre eigenen Lieblingssteine vorstellen und so das Thema

---

*) Die männlichen Bezeichnungen werden im Folgenden nicht geschlechtsspezifisch gebraucht, sondern stehen wegen der sprachlichen Kürze stellvertretend für beide Geschlechtsformen.

„ins Rollen bringen". Alle Aufgaben lassen sich problemlos in allen Unterrichtsformen verwenden!

1.2 Was ist Angebotsunterricht?

Definition

Unter Angebotsunterricht verstehen wir geöffnete, schülerorientierte Lernsituationen im fachbezogenen oder fächerübergreifenden Unterricht. Grad und Ausmaß der Öffnung bestimmt der Lehrer vor dem Hintergrund seiner Lerngruppe. Im Angebotsunterricht können Kinder Lernangebote auswählen, die ihrem Interesse und Entwicklungsstand angemessen sind. Die vom Lehrer bereitgestellten Angebote ermöglichen individuelle Zugänge und Bearbeitungsmöglichkeiten hinsichtlich desselben Unterrichtsinhaltes. Das Kind kann seinem Lernmuster gemäß lernen und seine bevorzugten Aneignungsverfahren einsetzen.

Der Lehrer schafft im Angebotsunterricht Entscheidungsfreiräume, sodass jedes Kind Auswahl, Intensität und Dauer der Bearbeitung eines Angebots selbst bestimmen kann. Auch die Wahl des Partners und des Arbeitsplatzes lernt das Kind selbst nach und nach zu organisieren. Auf diesem Weg übernimmt es einen Teil der Verantwortung für seinen eigenen Lernprozess.

Im Angebotsunterricht kann es ein Wahl- und ein Pflichtprogramm geben. Das Pflichtprogramm wird in der Regel vom Lehrer festgelegt und ist im Idealfall auf den individuellen Leistungsstand des Kindes zugeschnitten. Dafür stellt der Lehrer Aufgaben mit gestuftem Anspruchsniveau (siehe hierzu Bruner 1974). Auch bei den frei zu wählenden Angeboten kann der Lehrer die unterschiedlichen Stufen des Anspruchsniveaus beachten. Im Wesentlichen bieten alle in diesem Band vorgestellten Unterrichtssequenzen ein entsprechendes Lernangebot:

Grundlage allen Lernens ist das Handeln mit konkreten Gegenständen *(enaktive Ebene)*. Die Kinder „begreifen" den Lerngegenstand mit allen Sinnen. Dieses konkret-handelnde Lernen ist für Kinder mit erhöhtem Förderbedarf oder geringen Kenntnissen in der deutschen Sprache besonders wichtig. Auf die schriftliche Fixierung von Lernergebnissen kann ganz oder teilweise verzichtet werden; das Produkt des erfolgreichen Handelns ist gleichzeitig auch das Lernprodukt.

Die zweite Stufe *(ikonische Ebene)* umfasst alle Lernaktivitäten, in denen der Lerngegenstand sich als Abbild repräsentiert, wie z. B. Fotos, Zeichnungen, Modelle, und somit Merkmale und Zusammenhänge optisch auszumachen sind.

Auf der dritten Ebene *(formal-symbolische Ebene)* verdichten sich Handlungserfahrungen und Merkmale sowie inhaltliche Verknüpfungen zu Sprache. Dies ist der höchste Abstraktionsgrad im Lernprozess. Das bedeutet:

Jedes Kind lernt anders

- Lernen vollzieht sich als individualisierter Prozess.
- Kinder erfahren sich als Individuen, die sich nicht nur äußerlich voneinander unterscheiden, sondern auch zieldifferent lernen.
- Das Kind ist Subjekt seines Lernprozesses.
- Kinder erfahren Umwege und Fehler als notwendige Bestandteile des Lernens.

Lernen vollzieht sich ganzheitlich

Das zweite Prinzip des Angebotsunterrichts – neben dem des Individualisierens – ist das der ganzheitlichen Erfahrung:

- Im Angebotsunterricht werden möglichst viele Sinne beim Lernen aktiviert.
- Lernen braucht und erhält Freiräume zum selbstbestimmten Handeln: zum Erkunden vor Ort, zum Forschen, Entdecken, Experimentieren, Spielen, Fantasieren.

Organisatorische Merkmale

Auf der organisatorischen Ebene sind dabei folgende Merkmale unbedingt zu berücksichtigen:

- Angebotsunterricht öffnet sich für die Mitgestaltung des Unterrichts durch die Kinder.

- Er ist inhaltlich und organisatorisch bewusst zu planen und grenzt sich von gemeinsamen Unterrichtsphasen ab.
- Er vollzieht sich grundsätzlich in drei Phasen:
  1. Vorstellung der Angebote durch den Lehrer
  2. Freie Zuordnung der Kinder zu den Angeboten
  3. Präsentation, Reflexion und Würdigung der Ergebnisse

Lehrerrolle

Natürlich ist die Rolle des Lehrers in geöffneten Lernsituationen eine andere als im herkömmlichen Unterricht:

- Der Lehrer vertraut darauf, dass Kinder lernen wollen.
- Er nimmt die Kinder in ihrem Lernbedürfnis ernst, indem er ihre Vorschläge, Ideen und Interessen gleichberechtigt in seine Angebote einbezieht.
- Er erweitert Angebote aus seinem Wissen heraus und demzufolge, was Kindern Freude macht beim Lernen, wo und wie sie ihre Interessen erweitern können.
- Er versteht Lernangebote als Lernanreize und kann es aushalten, wenn ein Angebot nicht angenommen wird.
- Er regt Lernprozesse an, berät und unterstützt die Kinder bei ihren Lernaktivitäten.
- Er begleitet die Kinder bei der Aufgabe, selbst Verantwortung für ihr Lernen zu übernehmen.
- Er ermutigt die Kinder dazu Ansprüche an sich zu stellen, aber auch zu ihren eigenen Fähigkeiten zu stehen.
- Er eröffnet Angebote, die zieldifferentes Lernen ermöglichen.

Dokumentationsformen

Die Möglichkeiten Lernergebnisse aus geöffneten Lernsituationen zu dokumentieren sind recht variationsreich. Da das „Veröffentlichen“ individueller und gemeinsamer Lernergenisse ein wesentliches Element im Angebotsunterricht ist, bietet sich – insbesondere beim Thema „Steine“ – eine *Ausstellung* an. Sie wird sich aus den Fundstücken und Aktivitäten der Kinder ergeben und kann in unterschiedlicher Form präsentiert werden. Arbeitsteilige Verfahren kommen hierbei in besonderem Maße zum Tragen: Die Kinder müssen sich neben inhaltlichen Fragen (Was wollen wir ausstellen?) auch über realistische Umsetzungsmöglichkeiten Gedanken machen.
Wesentlich ist, dass sich jedes Kind mit seinem Beitrag in ein gemeinsames Produkt einbringt.
Eine weitere Dokumentationsform ist ein *Buch* zum Thema. Da es keine realen Gegenstände enthalten kann, werden Fundstücke und -orte sowie Aktivitäten fotografiert oder gemalt und mit entsprechenden Beschriftungen, Beschreibungen und Texten versehen.
Als Variante bietet sich eine Kombination von kleiner *Ausstellung und Wandzeitung* an. Die Wandzeitung entsteht im Verlauf des Unterrichtsvorhabens, sie enthält Text- und Bildelemente. Zusätzlich ausgestellte Exponate, Materialien für Experimente und Spiele u. Ä. erläutern und ergänzen die in der Wandzeitung enthaltenen Informationen.
Eine andere Art der Dokumentation von Lernergebnissen ist die *Erstellung größerer Objekte.* Dies kann z. B. der Bau einer Steinmauer ohne Mörtel oder auch das Anlegen eines Steinspielplatzes sein. Auch für die Konstruktion einer Gewürz- oder Kräuterschnecke im Schulgarten sind Steine unentbehrlich (siehe S. 35 f.).
Alle Dokumentationsformen können einer mehr oder minder großen Öffentlichkeit zugänglich gemacht werden, von der eigenen Klasse bis zum Schulforum einschließlich Elternschaft. Auf diese Weise erfahren Kinder das Lernen als sinnhaften Prozess. Ein attraktiver und motivierender Rahmen hierfür ist *ein Fest zum Thema* (siehe S. 73 f.).

Zu Beginn des Unterrichtsvorhabens sollte sich jedes Kind eine *Sammelmappe* anlegen. Darin werden sowohl die bevorzugten Aktivitäten zum Thema dokumentiert als auch das persönlich erarbeitete Pensum. In jeder Mappe sollte sich aber auch das gemeinsame Programm der Lerngruppe abbilden.

Vorteile

Die Vorteile von Angebotsunterricht sind identisch mit denen des Werkstattunterrichts. Darüber hinaus sind u. E. folgende Vorzüge zu nennen:
- Durch die selbstbestimmte Annahme und Bearbeitung von Lernangeboten kann der Lehrer den Lernstand des Kindes differenziert beobachten und festhalten.
- Aus diesen Kenntnissen heraus kann der Lehrer für das Pflichtprogramm gezielt die nächste Entwicklungsebene eines Kindes in den Blick nehmen.
- Die Balance zwischen selbst gesteuertem und verordnetem Lernen optimiert das Lernen.

Unbedingt beachten

Damit diese Unterrichtsform gelingen kann, muss man Folgendes beachten:
- Angebotsunterricht sollte kleinschrittig beginnen (zunächst drei Angebote zur Wahl, kein Pflichtprogramm).
- Damit die Kinder sich kompetent für ein Angebot entscheiden können, bedarf es einer gründlichen Vorstellung und schriftlichen Fixierung der einzelnen Angebote (mit symbolischer Unterstützung).
- Der Lehrer darf nicht zulassen, dass die Kinder beliebig von einem Angebot zum anderen wechseln. Es ist zu empfehlen, dass die Kinder in einen Plan eintragen, welche Angebote sie bearbeitet haben.
- Angebotsunterricht sollte in einer lernanregenden Umgebung stattfinden, damit selbstorganisiertes Lernen möglich ist.

1.3 Die Lernumgebung im Angebotsunterricht

Im Angebotsunterricht gehen wir davon aus, dass alle Materialien für die Kinder frei zugänglich sind.
Der Klassenraum wird nach und nach mit den Kindern in unterschiedliche Zonen und Funktionsecken eingeteilt. Ebenso wichtig sind offene Lernflächen, die je nach Unterrichtsvorhaben genutzt werden. Hier befinden sich auch Ausstellungstische und eine Dokumentationswand.
Die Umgestaltung des Klassenraums zu einer lernanregenden Umgebung hängt weitgehend von den jeweiligen Bedingungen ab. Bei zunehmender Routine mit offenen Unterrichtsformen wird man sehr kreativ im Hinblick auf eine optimale Raumnutzung!

Alltags- und Bastelmaterial

Kästen mit einer großen Auswahl an Alltags- und Bastelmaterial sind besonders wichtig. Kinder und Eltern sind dabei gleichermaßen am Sammeln beteiligt. In den Kästen finden sich u. a.:
- unterschiedliche (Glas-)Gefäße (vom Vanilleröhrchen bis zum Einmachglas)
- ausrangierte Gegenstände des Alltags (vom Löffel bis zum Wecker)
- Papiere, Pappen und Kartons (von der Streichholzschachtel bis zur Papprolle)
- Stoffreste, Garne, Wolle, Knöpfe
- Naturmaterialien (vom Korken bis zur Muschel)
- Mal- und Klebeutensilien

Die Auswahl der Materialien wird unter folgenden Aspekten vorgenommen:
- Sie sollen zum Handeln anregen.
- Sie sollen Kreativität fördern.
- Sie sollen kommunikative Prozesse in Gang setzen.
- Sie sollen den Verlust sinnlich-praktischer Erfahrungen ausgleichen.

Forscherecke

Bei den Geräten, die vorzugsweise in der Forscherecke aufbewahrt werden, sollte man sich primär an den Handlungsbedürfnissen von Grundschulkindern orientieren: z. B. Haushaltsmessbecher (auch von Kindern genormte Gläser), Lineale und Maßbänder (u. a. Papiermaßbänder aus Kaufhäusern) Schalen- und Balkenwaage, Lupen, ...

Spiele und Bücher

Spiele und Karteien, insbesondere solche, die gemeinsam mit Kindern hergestellt werden, finden – übersichtlich geordnet – auf einem Regal Platz. Hier kann man auch Bücher zum jeweiligen Thema, Nachschlagewerke sowie selbst angefertigte Bücher, Sammlungen und Mappen bereithalten.

Zum Thema „Steine"

Für das „Lernangebot: Steine" wurde – im Gegensatz zu vielen anderen Unterrichtsinhalten – kaum themenspezifisches Material zur Verfügung gestellt. Von den Kindern gesammelte Steine und einige Exponate aus Stein (eine Steinvase, eine Steinkugel, ein Faustkeil und ein Kasten mit verschiedenen Mineralien) bildeten den ersten Grundstock.
Im Laufe des Unterrichtsvorhabens legten die Kinder ihre Stein-Raritäten dazu: Bimsstein, Schneiderkreide (Talk), Pflasterstein, Versteinerungen, Schiefertafel, ...
Der Ausstellungstisch wurde mehrmals neu bestückt. Während darauf zunächst die gesammelten Steine zum freien Umgang und Schauen ausgebreitet waren, stellten die Kinder dort später ihre Lernergebnisse aus: Steinreihen, Steintürme, Steinsortiermaschine, Steinfiguren, Vulkanmodelle, verschiedenfarbige Steine im Wasserglas, ...
An der Ausstellungswand, die von Tag zu Tag bunter wurde, hingen Fotos von Steinen und Dingen aus Stein (Mauern, Brunnen, Grabsteine, Gebäude, ...), Informationstexte, gemalte Stein-Motive, mit Schrift gestaltete Stein-Gedichte, Spielregeln von Stein-Spielen, Stein-Wörter und Stein-Sprichwörter.

Fazit

Eine lernanregende Umgebung ist u. E. eine von Kindern und Lehrer gemeinsam gestaltete Lernlandschaft, die Kinder motiviert, informiert und aktiviert und in der auch die Lernprodukte der Kinder eine entscheidende Bedeutung haben.

Lernangebot:
Steine

2 Steine

2.1 Von der Faszination der Steine

Steine haben Kinder zu allen Zeiten und in allen Kulturen fasziniert. Sie gehören zu den elementarsten Spielzeugen unter den Naturmaterialien. Viele Kinder haben schon Steine gesammelt, bevor dieses interessante Thema im Unterricht aufgegriffen wird.

Spielsteine

Steine erinnern auch Erwachsene an vergangene Urlaubstage, erkundete Landschaften und vielerlei Spiele, die in jedem Kulturkreis ihre spezielle Ausprägung erfahren haben. In jedem Land gibt es unzählige Spiele, bei denen Steine in kleine Mulden oder Spielfelder geworfen werden. Das Fünf-Steine-Spiel, das auf der ganzen Welt zu Hause ist, gibt es z. B. schon seit der Antike: Eines der ältesten fanden die Archäologen auf dem Steinboden des antiken Rom.
Was tun Kinder heute anderes, wenn sie mit einer scharfen Steinkante ein Spielfeld in den Sand zeichnen?

Kultsteine

Oder denken wir an die Stein-Labyrinthe, deren Vorkommen schon seit Jahrtausenden in vielen Kulturen und fast allen Kontinenten bekannt ist. Aberglaube und Sagen begleiten sie. In frühester Zeit hatten Steine häufig eine symbolische Bedeutung als Kultobjekt, als Heiligtum und Sitz der Götter. Das größte prähistorische Steindenkmal Europas, Stonehenge in Südengland, war mit großer Wahrscheinlichkeit kultischen Handlungen geweiht. Andere Beispiele sind Medizinräder aus Steinen bei den Indianern, die das Universum mit seinen Kräften symbolisieren, oder Menhire bei den Kelten. Aus der keltischen Kultur stammt auch die den meisten Kindern gut bekannte „Hinkelsteinwerkstatt“.
Was tun Kinder heute anderes, wenn sie spielerisch einen Weg mit Kieselsteinen markieren oder einen Steinturm bauen?

Talismane

Schon seit ältester Zeit ist der Mensch bemüht sich vor Gefahren zu schützen. Zum einen schuf er sich Mythen um das Unerklärliche zu erklären, zum anderen suchte er Schutz und Glück durch Amulette und Talismane aus Edelsteinen.
Was tun Kinder heute anderes, wenn sie einen Glücksstein haben?

Träger von Botschaften

Steine waren zu jeder Zeit auch Träger von Botschaften und Nachrichten. Denken wir an die steinernen Tafeln Mose, an Grabsteine auf dem Friedhof oder an geheimnisvolle, sagenumwobene Runensteine, z. B. in Dänemark.
Was tun Kinder heute anderes, wenn sie ein Herz in Speckstein ritzen?

Lebenshilfe

Steine waren aber auch lebenserhaltende Basis menschlicher Kultur. Jäger und Sammler lernten aus Feuerstein Faustkeile und Lanzenspitzen herzustellen sowie Feuer zu schlagen. Ebenso dienten und dienen Steine zum Haus-, Straßen- und Brückenbau wie auch als Schutz, Abgrenzung und Stütze.
Bewegen Kinder sich nicht auch auf Entdeckungsspuren, wenn sie Feuersteine so lange aufeinander schlagen, bis diese Funken sprühen?

Kunstobjekt

Die scheinbar tote Materie hat die schöpferische Fantasie der Menschen schon immer angeregt. In Stein gehauene Kunstwerke alter und neuer Kulturen sind lebendige Zeugen menschlicher Auseinandersetzungen mit diesem Element. Dazu gehören auch Mandalas, entweder aus Steinen gelegt oder in Form eines Mosaiks. Diese ursprünglich aus Asien stammenden Kreisbilder dienen der Kontemplation und inneren Sammlung (vgl. hierzu das Foto auf S. 34, rechts).
Was tun Kinder anderes, wenn sie sorgfältig ausgewählte Steine zu einem Steinmännchen aufstellen oder ihren Lieblingsstein schmirgeln und polieren um ihn auf die Fensterbank zu legen oder zu verschenken.

Vielleicht liegt die Faszination der Steine in ihrer Gegensätzlichkeit innerhalb des menschlichen Lebens: Steine wurden als Waffe oder Mittel der Strafe benutzt, aber auch als Werkzeug, Schutz und Schmuck. Wahrscheinlich folgen Menschen

einem tiefsitzenden Instinkt, wenn sie sich nach einem schön geformten Stein bücken. Sie legen ihn ins Wasser, damit Farbe und Struktur deutlich hervortreten. Sie lassen ihn über das Wasser springen. Sie stecken ihn als Schmeichelstein oder Träger geheimnisvoller heilender Kräfte in die Hosentasche.
Vom primitiven Werkzeug in der Steinzeit bis zum heutigen Hausbaumaterial begleiten Steine den Menschen in der Weltgeschichte – vom Spielmaterial bis zum Grabstein markieren Steine Stationen im individuellen menschlichen Leben. Neben ihren Funktionen als Schmuck, Spielzeug und Handwerkszeug sind Steine jedoch vor allem die typische Metapher für Härte.
Das Universum der Steine ist allgegenwärtig.

2.2 Lernbereich Sache

Vielfalt der Gesteine

Fast die ganze Erde besteht aus Gesteinen und Mineralien. Gesteine sind aus Mineralien zusammengesetzt. Sie geben Auskunft über den Aufbau, das Alter und die Geschichte unserer Erde. Gesteine und Mineralien sind in der Erdkruste sehr unterschiedlich verteilt. Ca. 2600 Mineralien sowie einige tausend Abarten sind bekannt. Jedes Jahr kommen 20 bis 40 hinzu. Die Hauptmasse der Gesteine wird jedoch nur aus etwa zwei Dutzend Mineralien gebildet. Zu ihnen gehören neben anderen Ton, Gips, Kalk, Koch- und Düngesalze und auch Metalle.
Die Vielfalt der Gesteine ergibt sich u. a. aus der unterschiedlichen Zusammensetzung der Mineralien. Das bringt eine umfangreiche Farbpalette mit sich. Es gibt jedoch auch einige Gesteine, die nur aus einem Mineral bestehen.
Größe, Form und Kristallentwicklung der Mineralbestandteile und ihre Anordnung im Gestein sind wichtige Merkmale bei der Identifikation von Steinen. Man unterscheidet grob- bis feinkörniges sowie gleich- und nichtgleichförmiges Gefüge. Auch die Anordnung der Mineralien variiert, beispielsweise durch Hohlräume, Poren und Klüfte, die Einbettung in eine Grundmasse oder eine Abgrenzung ohne Zwischenräume.
Betrachtet man hellen Sand durch eine Lupe, so entdeckt man sehr kleine Gesteinsstücke, den Quarz. Größere Gesteinsstücke – im Meer oder in Fließgewässern rundlich geschliffen – sind Kiesel und sehr große Steine sind Felsen.

Entstehung von Gesteinen

Bei der Entstehung von Gesteinen unterscheiden wir drei Gruppen: Magmatite, Sedimente, Metamorphite.

Magmatite entstehen beim Erkalten von Magma. Erstarrt es in tieferen Bereichen der Erdkruste, wird es als Tiefengestein (Plutonit) bezeichnet. Der Granit gehört beispielsweise dazu. Auf Grund der langsamen Abkühlung ist diese Gesteinsart grobkörnig und sehr kompakt. Dringt das Magma bis an die Erdoberfläche, so ist es ein Erguss- oder Eruptionsgestein (Vulkanit). Der Basalt gehört zu den bekanntesten vulkanischen Ergussgesteinen. Die durch die Luft geschleuderten Mineralien sind die sogenannten Tuffe, z. B. der Bimsstein. Die sich ergießende Lava bildet wegen der schnellen Erstarrung glasiges Lavagestein.

Sedimente sind Ablagerungsgesteine. Sie entstehen an der Erdoberfläche durch Verwitterungsprozesse: Sonne, Luft, Niederschläge, Säuren und Mikroorganismen bewirken eine Zerkleinerung und chemische Auflösung von Mineralien. Diese so entstandenen Teilprodukte verbinden sich mit Bestandteilen anderer Gesteine. Sie werden ins Meer geschwemmt, dort abgelagert und durch den hohen Wasserdruck allmählich verfestigt. Die meisten so entstandenen Sedimente haben eine deutlich erkennbare Schichtung, wie z. B. der Sandstein.

Andere Sedimente bildeten sich aus den Schalen von Seetieren und Pflanzen: Durch Ablagerungen im Laufe von Jahrtausenden entstanden mächtige Schalenschichten, die von oben zusammengepresst wurden. Ein Sediment dieser Entstehungsart ist der Kalkstein.

Metamorphite sind Umwandlungsgesteine. Die Metamorphose von Gesteinen geschieht durch starken Druck und hohe Temperaturen. Ursache dafür sind gewaltige Gesteinsüberdeckungen oder vulkanische Durchbrüche. Als Folge ergeben sich Schieferungen, Umkristallisationen und Neubildungen von Mineralien (z. B. wird aus Ton Schiefer, aus Kalkstein Marmor). Vereinfacht kann man die Metamorphite nach Gesteinsgefügen und Mineralbestandteilen unterscheiden:

Gneise: grobkörnig, erkennbare Schieferung, hoher Feldspatanteil
Schiefer: deutliche Schieferung, feldspatarm oder -frei
Felse: keine Schieferung, sehr kompakt, feldspatarm oder -frei
Marmore: kristallin, sehr kompakt, meistens farbkräftig gefleckt oder geädert

Was Lehrer und Kinder über Steine wissen sollten

Basalt ist ein Ergussgestein. Diese erkalten sehr schnell nach dem Austreten der glühenden Lava an die Erdoberfläche. Basalt ist ein schweres, sehr hartes Gestein von grauer bis schwarzer Farbe. Manchmal ist es auch grünlich. Basalt ist ein feinkörniges Gestein. Es ist nicht geschichtet und enthält – wie der Granit – auch keine Versteinerungen. Basalt wird in Steinbrüchen abgebaut. Früher wurde es zu Straßenpflaster verarbeitet. Heute wird es in großen Brechanlagen zu Schotter und Splitt zerbrochen und für den Gleis- und Straßenbau verwendet.

Bimsstein ist ein hellgraues sehr leichtes Ergussgestein mit vielen kleinen und größeren Poren. Es ist aus brodelnder Lava entstanden. Bei einem Vulkanausbruch wurde es als Schaum in die Luft geschleudert (Sein lateinischer Name bedeutet „Schaum".). Es ist so leicht, dass es schwimmen kann. Bimsstein wird als Schleifmittel und als Reinigungsstein für stark verschmutzte Hände benutzt. Es wird auch zu Bausteinen verarbeitet. Sie haben den Vorteil sehr leicht zu sein und bieten eine gute Wärmeisolierung.

Granit ist ein Ergussgestein. Es ist aus glutflüssigem Magma im Innern der Erde entstanden. Granit ist wie „Salz und Pfeffer" gesprenkelt. Je nach Zusammensetzung sieht es grau, grünlich, rötlich oder gelblich aus. Früher lernte man die drei Mineralien, aus denen Granit besteht, mit diesem Spruch auswendig: „Feldspat, Quarz und Glimmer, die drei vergess ich nimmer." Granit gehört zu den härtesten Gesteinen. Aus grauem Granit werden Straßenschotter und Pflastersteine hergestellt. Farbiger Granit wird häufig geschliffen und zu Treppenstufen und Grabsteinen verarbeitet.

Feuerstein ist ein Ablagerungsgestein. Es kommt häufig in Knollen vor, vor allem im Kreidekalk (z. B. Insel Rügen). Wenn es zerbrochen ist, hat es harte Spitzen und scharfe Kanten. Feuerstein gibt es von hellbrauner bis schwarzer Farbe. Meistens ist es gefleckt oder gestreift. Die Flächen sind so glatt, als wären sie poliert. Feuersteine finden wir häufig in der norddeutschen Landschaft, in der Geest. Am Wegesrand und auf Äckern liegen sie nicht selten haufenweise. Wenn man Glück hat, entdeckt man sogar Abdrücke von kleinen Lebewesen im Stein. Schlägt man zwei Feuersteine kräftig aneinander, dann spritzen kleine Funken. Früher machten unsere Vorfahren so Feuer. Sie brachten mit den Funken einen trockenen Zunderschwamm zum Glimmen. Vor Jahrtausenden hatte der Feuerstein jedoch noch eine weitere Bedeutung im Leben der Menschen. Sie stellten Waffen und Geräte aus Feuerstein her: Flintdolche (Flint ist Feuerstein), Äxte, Pfeilspitzen, messerähnliche Geräte und Faustkeile. Solche Steinwerkzeuge sind in vielen Museen ausgestellt. Später diente der Feuerstein zum Funkenschlag in Gewehren (Flinten).

Kalkstein ist ein Ablagerungsgestein. Es ist aus den Schalen und Skeletten kleiner Meerestiere wie Muscheln und Schnecken entstanden. Sie sanken auf den Meeresboden und türmten sich in Jahrmillionen zu einem riesigen Kalkgebirge auf, das durch den Wasserdruck zusammengepresst wurde. Kalkstein ist in der Regel dicht und feinkörnig. Manchmal zeigt es auch ein poröses, erdiges Gefüge. Kalkstein ist häufig weißlich, gelblich oder grau gefärbt. Man verwendet es als Baustein und auch zur Herstellung von Mörtel, Zement und Düngemitteln. In den meisten Kalksteinen kann man auch Überreste von versteinerten Meerestieren finden, nur im Marmor nicht.

Sandstein ist ein Ablagerungsgestein. Es gibt viele Arten, die sich durch ihre Farbe unterscheiden (gelb, grau, grün, rot, braun und sogar bläulich). Es besteht aus feinen bis groben Körnern, meistens aus Quarz. Sandstein entsteht bei der Abtragung von Gebirgen. Frost, Regen und Wind lösen Gesteinsbrocken aus den Felsen. In Bächen und Flüssen werden sie talwärts transportiert und dabei zermahlen. Schließlich gelangen sie als Sand ins Meer. In Jahrtausenden werden sie dort in dicken Schichten abgelagert und mit Ton und dem Kalk der Meerestiere zu Sandstein zusammengepresst. Oft kann man eine deutliche Schichtung erkennen. Sandstein dient als Baustein. Früher war es ein beliebtes Baumaterial für Kirchen, Burgen und Denkmäler.

Marmor ist ein umgewandelter Kalkstein und sehr begehrt um Plätze, Häuser und Paläste zu verschönern. Bildhauer schaffen ihre Kunstwerke oft aus Marmor. Er wird im Tagebau gewonnen, zersägt und mit Hilfe von Presslufthämmern in kleinere Blöcke zerlegt.

Schiefer ist ein Umwandlungsgestein. Es besteht aus feinem Ton, der durch hohen Druck und Hitze im Erdinnern zu festem Gestein gepresst wurde. Tonschiefer ist fein geschichtet und hart. Es lässt sich gut in dünne Platten spalten. Seine Farbe ist hellgrau bis tiefschwarz. Manchmal ist es auch rötlich oder grünlich. Das liegt an den unterschiedlichen Mineralien im Gestein. Da Schiefer dem Einfluss von Regen und Frost gut widerstehen kann, verwendet man es gern zum Decken von Hausdächern, zum Verkleiden von Außenwänden und für Bodenplatten. Früher gab es für die Schulanfänger Tafeln aus Schiefer und Griffel um darauf zu schreiben.

Speckstein ist auch unter dem Namen *Talk* bekannt. Hierbei handelt es sich um ein hellfarbenes Mineral, das sehr weich ist und sich fettig anfühlt (daher der Name). Man kann es mit dem Finger ritzen. Aus diesem weichen Stein kann man gut Figuren schnitzen. Speckstein findet man im Fichtelgebirge und in Sachsen. Es wird u.a. zur Puderherstellung gebraucht. Früher benutzten Schneiderinnen ein Stück Speckstein um Markierungen auf dem Stoff anzubringen.

Kunststein ist ein industriell hergestelltes Gestein. Manche Arten werden aus natürlichen Steinresten (Granit, Sandstein, Kalkstein) gefertigt. Alle künstlich hergestellten Steine werden mit einem Bindemittel gebunden. So gibt es z. B. Kunstmarmor, der aus Marmormehl und Gips oder Beton gemischt wird. Anschließend wird er geschliffen und poliert. Früher hatte man in Küchen, auf Fluren oder in Badezimmern häufig einen Terrazzo-Fußboden. Das sind in Zement eingelassene Kieselsteine. Andere Steine künstlichen Ursprungs sind Ziegel, Kalksandstein und Betonsteine. Alle Kunststeine werden als Bausteine verarbeitet.

2.3 Lernbereich Sprache

Für Kinder sind Steine Sammelobjekte wie viele andere Dinge auch. Sammeln und Ordnen sind grundlegende Arbeitsweisen zur unmittelbaren Informationsgewinnung und -sicherung und natürlich lassen sich auch Steine sammeln und nach bestimmten Gesichtspunkten ordnen.

Kinder müssen zunächst lernen sich Ordnungsgesichtspunkte anzulegen; das ist wichtig um aus dem Vergleich des Sammelgutes Erkenntnisse gewinnen und Schlüsse ziehen zu können. Um sinnvoll ordnen zu können muss die Struktur einer Sache deutlich sein. Strukturgemäße Gesichtspunkte können zwar nicht in jedem Fall von Kindern gefunden werden, dennoch entdecken Kinder für sich Ordnungsmöglichkeiten, die Fachleuten häufig erst auf den zweiten Blick sinnvoll erscheinen.

Wenn Kinder eine Sammlung effektiv nutzen wollen, dann lernen sie auch in dieser Sammlung Übersicht zu wahren und für ihre Verfügbarkeit und einen schnellen Zugriff zu sorgen. Dabei werden elementare Arbeitstechniken eingeübt und angewendet:

Wissen in Sprache umsetzen

- Sammeln und Ordnen nach Wörtern, Sätzen und Texten (dabei spielt der sichere Umgang mit dem Alphabet als Ordnungsprinzip eine große Rolle)
- Sammeln und Ordnen nach sachlichen Gesichtspunkten

- Erstellen von Inhaltsverzeichnissen
- Übersichtliches räumliches Anordnen in Kästen, Ordnern oder in Matrix-Darstellungen

Innerhalb dieses fächerverbindenden Lernangebots können die Kinder nicht jedes Wissen und jede Einsicht in direkter Begegnung mit der Sache erwerben. Vielen Fragen muss über Texte und andere Informationsträger nachgegangen werden. So werden die Kinder vor die Aufgabe gestellt aus Texten, Bildern, Referaten usw. Informationen zu entnehmen. Dabei und im Umgang mit Nachschlagewerken und Sachbüchern werden folgende Fähigkeiten in besonderem Maße geschult:

Texten Wissen entnehmen

- Lesen von Inhaltsverzeichnissen
- Nachschlagen in Lexika
- Oberflächliches Lesen eines Textes um ihn auf seinen Informationsgehalt hin zu überprüfen
- Selektives Lesen
- Benutzen von Registern

Das Trainieren dieser Fähigkeiten geschieht in Zusammenhängen, die echte Leseanlässe und -situationen schaffen.

Textproduktion

Schreiben ist ohne wiederholtes Üben nicht zu lernen und dies ist dann besonders sinnvoll, wenn es adressatenbezogen geschieht. Im Angebotsunterricht gibt es dazu vielfältige Möglichkeiten. Neben eigener Textproduktion lernen die Kinder sich Notizen zu machen mit der Absicht wichtige Sachverhalte und Aussagen als solche zu erkennen und diese in kurzen, prägnanten Formulierungen festzuhalten.
Notizen über Fundorte von Steinen z. B. wechseln sich dabei ab mit Berichten über besondere Begebenheiten beim Steinesammeln o. Ä. Interessant wäre auch die Erstellung einer Liste über die Verwendung von Steinen: vom Pflasterstein beim Straßenbau bis zum Edelstein bei der Herstellung von Schmuck.
Ebenso gehört das Schreiben von Briefen zu den kommunikativen Fertigkeiten, die für das Arbeiten in Projekten wichtig sind. In diesem Unterrichtsvorhaben können die Kinder Briefe an unterschiedliche Institutionen (Stadtverwaltung, Friedhofsverwaltung) oder Privatpersonen (Bildhauer, Straßenbauer) schreiben um auf das Thema bezogene Informationen zu bekommen.
In allen geöffneten Lernsituationen produzieren die Kinder die unterschiedlichsten Texte. Diese stehen in direktem Zusammenhang mit den inhaltlichen Zielen. Die Kinder können ihre Texte korrigieren und überarbeiten, wenn sie sich überlegen,

- ob der Sachverhalt richtig dargestellt ist,
- ob der Adressat die für ihn nötigen Informationen erhält,
- ob der Text so verfasst ist, dass die beabsichtigte Wirkung (Information, Überzeugung, Aufforderung usw.) erreicht wird.

Wenn die Kinder ihre Texte veröffentlichen wollen, dann sind sie auch daran interessiert, dass diese „richtig" geschrieben sind. Der Lehrer wird hier unterstützend eingreifen und den Kindern helfen ihre selbst verfassten Texte zu korrigieren. In solchen Zusammenhängen lernen die Kinder generell ihre schriftlichen Produkte zu bearbeiten. Dazu müssen natürlich verschiedene Methoden vorgestellt und diskutiert werden um sie anschließend sinnvoll anwenden zu können. Durch Schreibkonferenzen (vgl. Spitta 1985 und 1992) können sich die Kinder die dafür notwendigen Kompetenzen aneignen.

Gesprächsführung

Eine weitere Zielsetzung im fächerübergreifenden Unterricht ist neben dem Beherrschen von Gesprächsregeln das Erlernen von Interviewtechniken im Zusammenhang mit der häufig wiederkehrenden Situation der Informationsbeschaffung. Die Kinder lernen Fragetechniken kennen, die für Befragungen und Interviews ergiebig sind. So erfahren sie, dass sogenannte W-Fragen (wer, wie, was, wann, ...)

ausführlichere Antworten provozieren als Entscheidungsfragen, die häufig mit einem Ja oder Nein beantwortet werden können. Die Gesprächsbereitschaft eines Interviewpartners hängt ganz entschieden davon ab, wie nachhaltig der Interviewer sein Anliegen erläutert und in welchem Ton er es vorträgt.
Ein Interview wäre gut vorstellbar mit einem Angehörigen des steineverarbeitenden Handwerks, z. B. einem Steinmetz oder einem Maurer.

2.4 Integrative Aspekte

Viele Lernziele des Grundschulunterrichts lassen sich durch das „Lernangebot: Steine" erreichen.
Hier einige Beispiele aus den einzelnen Lernbereichen:

Musik

- Lieder zum Thema singen, mit Instrumenten begleiten und inhaltlich darstellen
- Klänge mit Steinen erzeugen (Steinkonzert)

Mathematik

- Ordnungen herstellen (Größe, Farbe, Form, Gewicht, Oberfläche)
- Steine und Merkmale einander zuordnen
- Steine wiegen und mit Gramm und Kilogramm rechnen
- Tabellen erstellen
- einen Plan mit Planquadraten anfertigen
- messen und mit Längenmaßen rechnen
- Einnahmen und Ausgaben im Zusammenhang mit einem Fest berechnen

Sachunterricht

- Informationen über die Entstehungsgeschichte von Steinen zusammentragen
- durch das Herstellen verschiedener Produkte Steine und ihre Merkmale unterscheiden
- anhand von Spielen und Sachinformationen die Bedeutung von Steinen in anderen Kulturen kennen lernen
- Natur- und Kunststeine in ihrem jeweiligen Verwendungszusammenhang untersuchen und vergleichen
- etwas über die Nutzung von Steinen früher und heute erfahren und erproben

Deutsch

Mündlicher Sprachgebrauch:

- von eigenen Erlebnissen erzählen
- vom Steinesammeln berichten
- vorhandene Kenntnisse austauschen und erweitern
- Arbeitsergebnisse vorstellen und kommentieren
- andere und sich informieren (Gesprächsführung)

Schriftlicher Sprachgebrauch:

- Steine beschreiben
- Ausstellungskärtchen beschriften
- Texte verfassen
- adressatenbezogen schreiben
- die jeweilige Schreibabsicht berücksichtigen
- zu Bildern Geschichten schreiben
- einen Vorgang beschreiben
- Abbildungen kommentieren
- Stein-Wörter sammeln und schreiben
- Wörter zu einem Wortfeld ordnen
- Wörter zu einer Wortfamilie zusammentragen
- Wortarten erkennen und Wörter entsprechend zuordnen
- alphabetische Wortlisten erstellen und nutzen

Umgang mit Texten:
- Stein-Geschichten und -Gedichte (vor)lesen, vortragen und ggf. vertonen
- Sachtexte lesen und daraus Informationen entnehmen
- Gebrauchstexte lesen
- nach Anleitung basteln
- nach einem Rezept kochen
- Literatur recherchieren
- erzählende Texte zu einem Hörbeispiel umgestalten
- Nachschlagewerke nutzen

Kunst

- Kreatives Gestalten mit Steinen:
  Steine bemalen
  Mosaiken anfertigen
  Steine zu Mustern ordnen
  Figuren gestalten
  Steine bearbeiten (behauen, glätten, polieren, ...)
  Schmucksteine herstellen

2.5 Zum Unterrichtsverlauf

Primäre Zielsetzung dieses Lernangebots ist neben der Vermittlung von Kenntnissen, Fähigkeiten und Fertigkeiten das Wecken und Vertiefen individueller Interessen durch den vorwiegend selbstbestimmten, handelnden Umgang mit Naturobjekten.

Einstieg

Nicht selten ergeben sich im Morgenkreis durch mitgebrachte Steine aus dem Urlaub Motivation und spontanes Interesse der Kinder. Ein Landheimaufenthalt, eine Erkundung in ein Geestgebiet oder einen Steinbruch oder ein Wandertag sind ebenfalls geeignete Einstiegsmöglichkeiten in dieses für Kinder jeden Entwicklungsstandes reizvolle, lernanregende Unterrichtsvorhaben.
Je nach Intention des Lehrers können die Kinder ohne Zeitzwang frei umherstreifen und einfach sammeln, was ihnen ins Auge fällt. Es können jedoch auch Erkundungsaufträge gegeben werden, wie beispielsweise: Wer findet den größten Stein? Wer findet einen grünlichen Stein oder einen, der aussieht wie eine Maus?...
Dabei sollte man respektieren, dass Kinder ihre ganz persönlichen Steine u. U. behalten möchten. Jedoch muss für alle klar sein, dass die übrigen Steine für das gemeinsame Vorhaben zur Verfügung gestellt werden.

Freiarbeit

Diese ungeordnete Steinsammlung wird auf einem Ausstellungstisch im Klassenraum präsentiert. In der Freien Arbeit können die Kinder ohne gezielte Aufgabenstellung zunächst spontan handelnd mit den Steinen umgehen, sie bewundern, befühlen, vergleichen, ihr Gewicht spüren, nach ihrem Namen fragen, ...
Farbe, Größe, Form und Härte der Steine verlocken zu weiterführenden Aktivitäten des Ordnens und Vergleichens.
In einer lernanregenden Umgebung, in der die Kinder freien Zugang zu Geräten, Materialien und Informationen haben, werden sie rasch beginnen die Steine vergleichend oder mit Gewichten zu wiegen, sie mit der Lupe zu betrachten oder auch mit dem Hammer zu zerschlagen um zu sehen, wie der Stein innen aussieht. Erstaunlich ist, dass Kinder in freien Arbeitsphasen zunehmend kreativer im Umgang mit der Materie werden. Mit allen Sinnen nehmen sie die Steine wahr und stellen auch fest, dass man Steine sogar nach dem Fallgeräusch unterscheiden kann. Andere Arten – wie beispielsweise den Schiefer – kann man am Geruch erkennen.

Nach der Phase des freien, selbstbestimmten Umgehens mit Steinen folgt eine angebotsorientierte Unterrichtsphase. Neben der Aufnahme von Anregungen der

Kinder verfolgt der Lehrer hier auch eigene Ziele. Dabei geht es nicht um wissenschaftliche Systematik und auch nicht um ein möglichst vollständiges Benennen der Steine, sondern vielmehr um kindgemäße Aktivitäten auf unterschiedlichem Aneignungsniveau und um möglichst vielfältige Lernverfahren.

Individuell lernen

Die Kinder erwerben somit Kenntnisse über Steine, deren Entstehung, Verwendungsmöglichkeiten und kulturelle Bedeutung. Außerdem entwickeln sie ihre individuellen Fähigkeiten und Fertigkeiten, indem sie das Lernen lernen: Sie setzen ihre eigenen Lernstrategien ein, erproben verschiedene Methoden und lernen die Ergebnisse zu dokumentieren.

Die angebotsorientierten Phasen stehen im Wechsel mit den vom Lehrer bestimmten gemeinsamen Unterrichtssequenzen.

Gemeinsam lernen

Bei diesem gemeinsamen Lernen wird die inhaltliche Orientierung für die freien Arbeitsphasen gelegt. Dazu gehören u. a. das Planen des Vorhabens, das Erstellen einer Fragetapete und Erkundungen, aber auch Reflexionsphasen, in denen über den Stand der Arbeit berichtet wird, über Probleme, die sich ergaben, sowie über mögliche Lösungswege. Auch Dokumentationsphasen, in denen Lernergebnisse veröffentlicht werden, gehören zu den unverzichtbaren Bestandteilen des gemeinsamen Lernens.

Wahlprogramm

Mit der Auswahl und Vorstellung der Angebote sollte der Lehrer behutsam beginnen. Drei Angebote sind zunächst angemessen. *Deutliche Unterschiede bezüglich Inhalt, Zielsetzung und Verfahren* sind wichtig, damit eine echte Wahl möglich ist, z. B. ein Angebot mit einem Stein-Spiel, eins mit einem Stein-Gedicht und ein Angebot zum kreativen Gestalten.

Neben dieser mehrperspektivischen Herangehensweise kann das Wahlprogramm jedoch auch so konzipiert sein, dass *unterschiedliche Aktivitäten zu einem Lernziel* angeboten werden, z. B. zum Lernziel „Einen Stein anhand seiner Merkmale identifizieren“:

Angebot 1: Fühlkasten-Spiel
Angebot 2: Stein-Spiel mit Merkmalskarten
Angebot 3: Ordnen von Steinen mit den gleichen Merkmalen

Das Wahlprogramm kann sukzessive bis auf maximal fünf Angebote erweitert werden. Ebenso ist es möglich die *Angebote zunehmend komplexer* zu gestalten, z. B.:

> Stellt ein Informationsplakat und eine kleine Ausstellung
> zum GRANIT zusammen!
> Ihr habt eine Woche Zeit.
> Es wäre schön, wenn ihr einen kleinen Vortrag dazu halten könntet.
> Ihr seid Fachleute für diesen Stein!

Diese Erweiterung inhaltlicher und auch zeitlicher Art sollte erst dann geschehen, wenn der größte Teil der Lerngruppe Sicherheit im Umgang mit enger gefassten Angeboten gewonnen hat.

Auch lässt sich *das Wahlprogramm mit einem Pflichtprogramm kombinieren.* Es empfiehlt sich jedoch damit erst dann zu beginnen, wenn sich im Verlauf des Vorhabens bei den Kindern bereits Interessen und Vorlieben in freieren Lernphasen gebildet haben.

Pflichtprogramme

Man kann *Pflichtprogramme für die gesamte Lerngruppe* zusammenstellen sowie individuelle, die auf einzelne Kinder zugeschnitten sind. Bei dem Pflichtprogramm für die ganze Klasse sollte man Aufgabenstellungen wählen, die bereits eine *innere Differenzierung* bieten, z. B.:

Zeichne deinen Lieblingsstein so genau wie möglich!

Schreibe etwas zu deinem Stein!

Lege deinen Stein in eine Steinmenge von 3 bis 10 Steinen und lass andere Kinder herausfinden, welchen Stein du gezeichnet hast. Wenn sie richtig getippt haben, ist es dir gut gelungen. Sonst überlege, was du noch verändern musst!

Eine weitere Möglichkeit für ein Pflichtprogramm dieser Art, das auch von Erst- und Zweitklässlern bearbeitet werden kann, ist folgendes Beispiel:

Wiege und vergleiche 4 bis 7 Steine!

Die Kinder sollten verschiedene Möglichkeiten für die Lösung dieser Aufgabe kennen lernen (gemeinsames Lernen), z. B.:

- Ein Stein wird mit Kastanien, Holzklötzen o. Ä. aufgewogen. Das Ergebnis wird auf ein Arbeitsblatt mit dargestellter Balkenwaage gezeichnet.
- Ein größerer Stein wird mit vielen kleinen Steinen aufgewogen. Das Ergebnis kann gezeichnet oder im Satz festgehalten werden. Es ist auch möglich das Ergebnis auszustellen.
- Ausgewählte Steine werden vergleichend gewogen und dem Gewicht nach geordnet: vom schwersten zum leichtesten.
- Steine werden auf der Balkenwaage mit Gewichtsstücken gewogen. Die Kinder lernen in diesem Zusammenhang das konkrete Wiege und Notieren in Gramm.

Der höchste Anspruch, dem sich ein Lehrer stellen kann, ist das Aufstellen *individueller Pflichtprogramme.* Wohlgemerkt, diese Pflichtprogramme sind nicht so zu verstehen, dass jedes Kind sein eigenes Programm bekommt. Dies wäre u. U. in Kooperationsklassen mit einem Lehrerteam zu realisieren. Wir gehen von der realen Einschätzung aus, dass sich in jeder Lerngruppe Kinder befinden, die

- ihre Lernaktivitäten länger auf der konkret-handelnden Ebene ausführen, während andere
- diese Grunderfahrungen bereits zu Lernergebnissen abstrahieren, d. h. Techniken erlernen und anwenden können, wie z. B. Tabellen aufstellen oder Messergebnisse sachgerecht notieren.
- Ebenso wird es Kinder geben, deren nächste Stufe der Entwicklung die formal-symbolische Ebene ist und die somit sprachliche Mittel der Bearbeitung und Darstellung nutzen können.

Innerhalb dieser Stufung des Lernprozesses sind darüber hinaus die kleinschrittigen Niveaustufen am Thema auszumachen.

Beispiel für ein individualisiertes Pflichtprogramm

Ist ein Kind noch nicht in der Lage Merkmale der Größe, Form und Struktur eines Steines auf der ikonischen Ebene abzubilden, also eine Sachzeichnung zu machen, bekommt es zunächst die Aufgabe des Ordnens auf der konkreten Ebene:
Suche alle glatten, ovalen Steine vom Steintisch!
U. U. wird auch vorerst nur mit einem Merkmal begonnen.
Danach bekommt es ein Arbeitsblatt mit den Umrisszeichnungen einiger Steine und einen Schuhkartondeckel mit den betreffenden und fünf bis zehn zusätzlichen Steinen. Das Kind legt nun den richtigen Stein auf die entsprechende Umrisszeichnung.
Dann erst bekommt es die Aufgabe, die Umrisszeichnung farbig und in der Musterung korrekt anzumalen:

Schau dir einen der Steine genau an!
Probiere aus, welche Farbe du mischen musst, damit du die Steinfarbe erhältst!

Der Wechsel von gemeinsamen Lernphasen, Wahlangeboten und Pflichtprogrammen optimiert den Lernprozess, weil Lernen sich zwischen den Polen von Anspannung und Entspannung vollzieht – zwischen Anstrengung und Muße!

Inhaltlichen und zeitlichen Rahmen festlegen

Der Lehrer sollte bei der Eröffnung der vielfältigen Lernmöglichkeiten zum Thema das Vorhaben jedoch nicht ausufern lassen. Zeitliche und inhaltliche Planung müssen rechtzeitig mit den Kindern abgesprochen werden!
Es ist davon auszugehen, dass je nach Lerngruppe und standortbezogenen Möglichkeiten in der Regel nur einige didaktische Bausteine bearbeitet werden. Diese sollten inhaltsbezogen miteinander verknüpft werden. Kinder lernen nicht in didaktischen Dimensionen, sie lassen sich von ihrem unmittelbaren Interesse leiten! So sollten z. B. Fragen nach der Entstehung von Steinen, wenn sie beim Bau eines Steinturms auftauchen, auch an dieser Stelle bearbeitet werden.
Wichtig und möglichst schon in der ersten Phase der Unterrichtseinheit zu klären ist, in welcher Art und Weise die Kinder das, was sie herausgefunden, gebaut, gestaltet, geschrieben und gespielt haben, dokumentieren wollen. Hier kann auch der Lehrer eigene Intentionen verfolgen und Vorgaben machen. Möglichkeiten der Dokumentation sind in Kapitel 1.2 beschrieben.

Abschluss

In jedem Fall sollte es möglich sein, dass zum Abschluss des Unterrichtsvorhabens alle Produkte einer von den Kindern bestimmten Öffentlichkeit vorgestellt werden. Das können die Eltern, die Parallelklasse oder die ganze Schule sein. Entscheidend ist, dass die Kinder jetzt als Fachleute auftreten: Sie demonstrieren das Buch oder sie führen durch die Ausstellung, erklären, beantworten Fragen, zeigen und erzählen. Vielleicht bekommt auch jeder Besucher einen Glücksstein mit einem handgeschriebenen Stein-Gedicht geschenkt.
Nicht selten ist solch ein Abschluss das Tüpfelchen auf dem i. Kinder sind stolz auf das, was sie erarbeitet haben und wissen. Lernen ist somit zu einem sinnvollen Prozess geworden!

3 Lernangebote

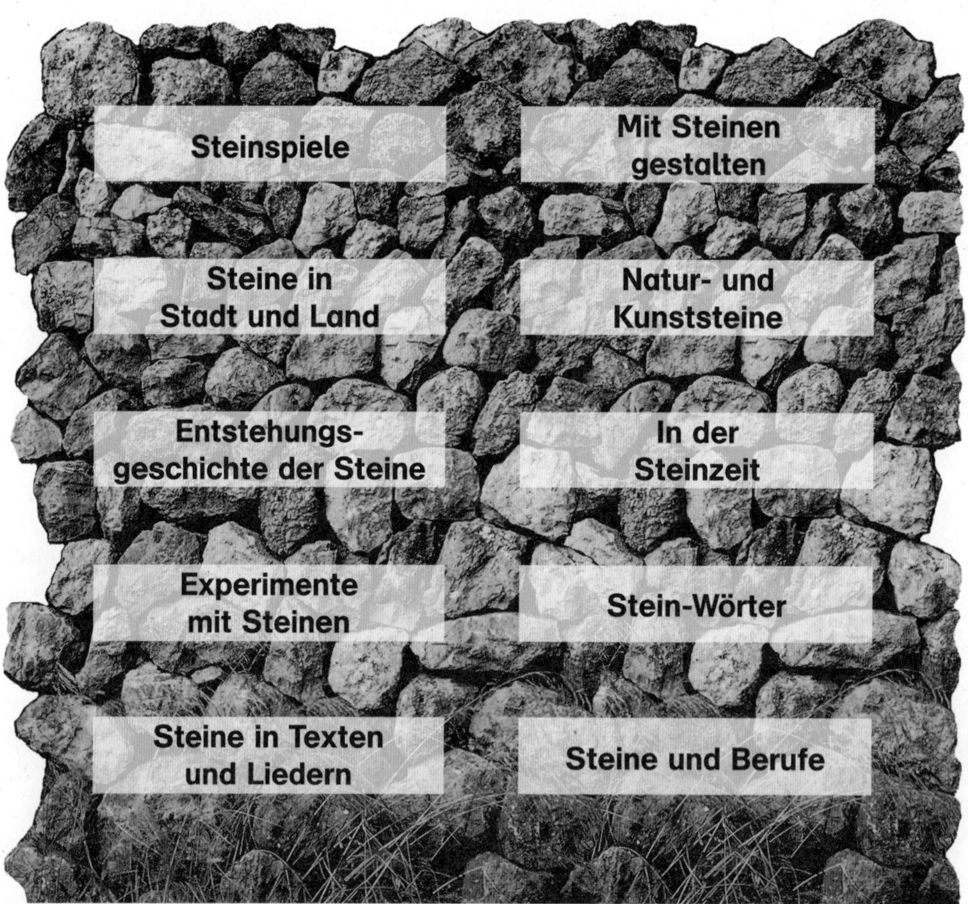

Die fächerverbindend konzipierten Lernangebote sind inhaltlich nach obigen didaktischen Bausteinen geordnet, wobei zunächst die Vorschläge zum Bereich „Sache" und in den beiden letzten Teilkapiteln (3.8, 3.9) die zum Breich „Sprache" vorgestellt werden.
Zum Baustein „Steine und Berufe" gibt es kein eigenständiges Kapitel. Lernangebote zu dieser Thematik finden sich in den Kapiteln 3.2 und 3.4.

Aufgaben …

Alle Lernangebote sind ausführlich erläutert und liefern genaue Aufgabenformulierungen zur Auswahl für Lehrer und Kinder. Diese befinden sich entweder direkt bei der Beschreibung der Unterrichtssequenz oder als Kopiervorlage im Anhang. In diesem Fall wird in der Randspalte darauf verwiesen.

… zum gemeinsamen Lernen

Natürlich lassen sich alle Aufgaben für herkömmliche Unterrichtsformen und das gemeinsame Lernen verwenden. Dazu kann man sie an der Tafel, auf einer Folie oder auf einem Aufgabenblatt präsentieren.

… zum individuellen Lernen

Für den Angebotsunterricht müssen die ausgewählten Aufgaben auf Angebotskarten übertragen werden, die je nach Lernsituation und Leistungsniveau der Kinder gestaltet und eingesetzt werden, z. B.:

Angebotskarten

- Auf der Vorderseite einer Stellkarte (DIN A5) steht knapp formuliert der Auftrag, evtl. mit einem entsprechenden Symbol (siehe Beispiele unten auf dieser Seite). Das erleichtert den Kindern die Orientierung und Entscheidung. Auf der Rückseite steht dann die genaue Anweisung.

- Man kann das Lernangebot auch verstärkt auf der ikonischen Ebene abbilden (siehe z. B. S. 24 unten).
- Besonders für Kinder mit erhöhtem Förderbedarf sollten die einzelnen Arbeitsschritte systematisch und sehr konkret dargestellt werden (siehe z. B. S. 26 unten).
- Man kann den Auftrag auch in großer Schrift auf ein Blatt schreiben und dieses mit einer Nummer oder einem farbigen Punkt versehen an die Wand oder die Tafel hängen. Die genaue Anweisung holen sich die Kinder auf einem entsprechend gekennzeichneten Arbeitsbogen.

Steine-Kartei

- Alle Lernangebote lassen sich außerdem in einer Steine-Kartei sammeln (in mindestens dreifacher Ausführung) und in der Freiarbeit oder Wochenplanarbeit einsetzen.

3.1 Stein-Spiele

❖ Erkennst-du-mich?-Spiele

Ziele

Steine mit allen Sinnen wahrnehmen, ihre Merkmale erkennen, vergleichen und benennen; erfahren, dass Steine nach unterschiedlichen Kriterien (Größe, Oberfläche, Form, Farbe, Musterung, Gewicht und Gesteinsart) geordnet werden können; dabei herausfinden, dass nicht alle Merkmale eindeutig zuzuordnen sind; Freude daran haben, eigene Ordnungen zu finden; vorgegebene Ordnungen herstellen, ausstellen und beschriften; ein Stein-Konzert erfinden bzw. einen Text vertonen

Material

von Kindern gesammelte Steine, Aufgabenblatt, Fühlkasten (s. u.), Blechdeckel, Merkmalskarten

Gemeinsam lernen

Kinder sortieren gern spontan Steine. Sie finden auch eher unkonventionelle Ordnungen, wie z. B. „Steine, die aussehen wie Tiere“. Bevor der Lehrer eine Angebotsphase eröffnet, sollte diesem Bedürfnis der Kinder Rechnung getragen werden: Im Kreis sitzend werden unterschiedliche Ordnungen hergestellt. Dieses kann auch in Partnerarbeit geschehen, bei der nur geflüstert werden darf, damit die anderen Kinder die Ordnungskriterien nicht schon vorher hören.
Eine konzentrierte Form der Wahrnehmung erfolgt über ein Erkennst-du-mich?-Spiel: Die Kinder sitzen mit geschlossenen Augen im Kreis. Es werden drei bis fünf Steine nacheinander herumgegeben, ohne dass dazu gesprochen wird. Die Kinder versuchen sich Größe und Oberfläche sowie die Reihenfolge einzuprägen. Anschließend werden die Steine in die Kreismitte gelegt. Gemeinsam wird die Reihenfolge anhand der ertasteten Merkmale hergestellt. Dabei sprechen die Kinder über ihre Tasteindrücke und darüber, woran sie die Steine wiedererkennen.
Ob man Steine auch riechen oder hören kann?
Ersteres probieren die Kinder aus und werden feststellen, wie schwierig es ist. Wenn man allerdings zwei gleiche Steine aneinander reibt, kann man bei einigen Gesteinssorten, insbesondere beim Feuerstein, einen typischen Geruch ausmachen.
Für das Hören werden wieder die Augen geschlossen. Nacheinander lassen die Kinder drei bis fünf Steine auf einen Blechdeckel fallen. Nach jedem Geräusch wird versucht herauszufinden, welcher es war und warum?

Individuell lernen

Aus der gemeinsamen Lernphase, die die Orientierungsgrundlage darstellt, entwickelt der Lehrer Angebote für die freie Arbeitsphase:

Angebot 1: Ein Spiel mit dem Fühlkasten: Wer erkennt den Stein?

Denke dir mit einem Partner Fühlkasten-Spiele aus!

Angebot 2: Stein-Spiel mit Merkmalskarten

Angebot 3: Stein-Reihen legen und raten lassen

Lege Stein-Reihen mit gleichen oder mit wechselnden Merkmalen (z. B. rau, glatt, rau, ...) und lass andere Kinder die Merkmale raten.

Angebot 4: Stein-Merkmale (s. u., Pflichtprogramm)

Individualisiertes Pflichtprogramm

Setzt der Lehrer zusätzlich zum Wahlprogramm ein Pflichtprogramm ein, so berücksichtigt er dabei die unterschiedlichen Entwicklungsstände und Leistungsvermögen der Lerngruppe. Er staffelt den Schwierigkeitsgrad der Lernaktivitäten im Hinblick auf ein gemeinsames Lernziel, z. B. *Vorgegebene Merkmale von Steinen wahrnehmen und zuordnen:*

- Der Lehrer legt drei bis sechs Steine mit eindeutigen Merkmalen auf den Fühlkasten. Im Fühlkasten liegen ca. zehn Steine. Die Kinder ertasten die Steine, die sich so anfühlen wie diejenigen, die auf dem Kasten liegen
- Der Lehrer bestückt den Fühlkasten wieder mit ca. zehn Steinen. Statt der konkreten Steine legt er Merkmalskarten auf den Kasten, z. B.:

  | rau | | rundlich | | scharfe Kanten | | spitz | | glatt |

  Die Kinder ertasten zu jedem Merkmal einen Stein. Ein Partner kontrolliert.
- Der Lehrer legt großformatige Tabellen aus, auf denen Steine mit zwei passenden Merkmalen zugeordnet werden müssen, z. B.:

	Oberfläche	rau	spitz	glatt	scharfe Kanten
Farbe und Musterung	grünlich				
	grau oder schwarz mit Steifen				
	sandfarben				
	dreifarbig				
	fein gekörnt				

Der Lehrer ordnet die Kinder einer jeweils geeigneten Aufgabenstellung zu und kontrolliert die Ergebnisse.

Tipps und Anregungen

Zum Abschluss dieser Unterrichtssequenz erfinden die Kinder Stein-Konzerte zu vorgegebenen Überschriften (z. B. Steinlawine, Murmelsteine, ...) oder zu kleinen Texten, z. B.:

Die Reise des großen Steins mit dem kleinen Stein

Ein großer Stein rollte vergnügt die Straße entlang. Plötzlich stieß er mit einem kleinen Kieselstein zusammen. Sie beschlossen gemeinsam ein Stück des Weges zu kullern. Lustig war es, wenn die Straße bergab ging und sie um die Wette rollten.

Aber – unten angekommen – landeten sie in einem Steinhaufen. Dem kleinen Stein gefiel es dort nicht. So trudelte er einfach weiter. Der große sprang gleich hinterher.
Schön weich war der Moosboden im nahen Wald. Man konnte die beiden kaum hören. Der große Stein zerbrach manchen trockenen Zweig beim Weiterrollen. Aber der kleine hüpfte immer lustig voran. Einmal sprang er sogar aus Versehen auf eine leere Dose, die am Waldrand lag. Vor Schreck machte der große Stein einen riesigen Satz und landete mitten auf einem Sandweg.
Zwei Kinder kamen pfeifend vorbei. Eins packte den großen, eins den kleinen Stein und sie warfen beide in den nahen See. Plumps! Weg waren sie. Dort, auf dem Grund des Sees, liegen sie wohl noch heute.

Die Kinder vertonen mit Steinen und anderen erforderlichen Utensilien Satz für Satz der ganzen Geschichte. Der Lehrer kann die Geschichte auch vor dem Schluss unterbrechen und die Kinder die Geschichte zunächst weiterschreiben und anschließend vertonen lassen.
Die Gedichte von Georg Bydlinski („Der Stein“, S. 66) und Ingeborg Propson und Brigitte Schulze („Der Stein“, S. 67) lassen sich gut im Zusammenhang mit Fühlkasten-Spielen besprechen.

❖ Mein Lieblingsstein

Ziele

Aus den gesammelten Steinen einen Lieblingsstein auswählen; Erfahrungen mit dem Stein und dem eigenen Körper machen; mit anderen über Gefühle sprechen; Ideen für Aktivitäten mit dem Lieblingsstein entwickeln und ausführen

Material

Steinsammlung, Meditationsmusik oder ruhige, leise klassische Musik

Gemeinsam lernen

Alle Steine werden weitläufig auf dem Boden ausgebreitet. Zu leiser Musik suchen die Kinder ihren Weg durch das Steinfeld, bis sie einen Lieblingsstein gefunden haben. Mit ihren Lieblingssteinen spielen sie nun:

- Was kann man alles mit ihm tun (rollen, werfen, fallen lassen, balancieren, …)?
- Es lassen sich auch Geräusche erzeugen (klopfen, reiben, scharren, …)
- Man kann ihn an verschiedenen Stellen auf den eigenen Körper legen. Wie fühlt er sich auf dem Kopf oder auf dem Bauch an?
- Jedes Kind nimmt seinen Stein. Bei leiser Musik gehen die Kinder durch den Raum. Hört die Musik auf, tauschen sie ihren Stein mit einem anderen Kind. Danach sprechen sie über ihre Gefühle: Was empfinde ich, wenn ich meinen Stein weggebe? Wie ergeht es mir mit dem neuen Stein? Wo ist mein Lieblingsstein jetzt? Wie fühlt sich der Stein an, wenn er durch viele Hände gegangen ist?
- Die Steine werden auf dem Boden verteilt. Die Kinder gehen bei leiser Musik ihren Weg durch das Steinfeld. Hört die Musik auf, suchen sie sich einen nahe stehenden Partner und verabreden Bewegungsfiguren um den Stein: Man kann ihn gemeinsam überspringen, ihn umkreisen, …

Individuell lernen

An die gemeinsame Unterrichtsphase schließt sich eine Angebotsphase an:

Angebot 1: Ich sehe was, was du nicht siehst

Drei Kinder spielen mit.
12 Steine liegen auf dem Tisch.
Ein Kind sagt ein Merkmal eines Steines, z. B.: „Er ist rau.“
Die beiden anderen Kinder raten. Haben sie falsch geraten, so nennt das Kind ein zweites (drittes, viertes) Merkmal.

Angebot 2: Fühlkasten für vier bis sechs Kinder

Legt euren Lieblingsstein verdeckt in den Fühlkasten.
Ein Kind beschreibt, wie sich sein Stein anfühlt.
Ein anderes findet diesen unter allen Steinen heraus.

Angebot 3: Schreibe eine Geschichte über deinen Lieblingsstein!

❖ Mit Steinen bauen

Ziele

Konzentriert und mit viel Geduld Steintürme bauen und dabei geeignete Formen und Größen von Steinen berücksichtigen; spielerisch Erfahrungen mit der Balance machen; Freude daran haben den Turm so hoch wie möglich zu bauen

Material

viele Steine unterschiedlicher Größe und Form, Gegenstände aus den Materialkisten (siehe S. 7), Musik

Gemeinsam lernen

In der gemeinsamen Unterrichtsphase wählt jedes Kind einen großen Stein aus und trägt ihn mit ausgestreckter Hand durch den Raum. Zu leiser Musik suchen die Kinder ihren Weg durch den Raum ohne sich zu berühren. Hört die Musik auf versuchen sie auf einem Bein stehend mit ausgestreckter Hand zu balancieren.
Danach setzen sich die Kinder in den Kreis und nehmen ihren Stein als Grundstein für ihren Steinturm. Jedes Kind holt sich drei weitere Steine aus der Steinsammlung und versucht sie aufeinander zu türmen. Anschließend werden Erfahrungen ausgetauscht.

Individuell lernen

Nun schließt sich eine Angebotsphase an:

Angebot 1: Wer baut den höchsten Turm aus Steinen?

Suche einen Stein als Grundstein aus.
Lege nach und nach immer noch einen Stein auf den anderen.
Wie viele Steine hast du in deinem Steinturm?

Angebot 2: Balance-Turm

Baut zu zweit einen Balance-Turm.
Holt euch Steine und Gegenstände aus den Materialkisten und setzt abwechselnd einen Stein und einen Gegenstand aufeinander.
Schafft ihr es in der Mitte einen *runden* Gegenstand einzubauen?

Angebot 3: Mauer aus Natursteinen

Baut im Sandkasten eine Steinmauer um ein großes Grundstück.
Legt immer eine Steinreihe auf die andere.
Vergesst nicht ein Haus und Bäume hineinzusetzen.

❖ Stein-Spiele gibt es überall

Ziele

Stein-Spiele kennen lernen und nach schriftlichen Spielregeln spielen; erfahren, dass es in anderen Kulturen auch Stein-Spiele gibt; Stein-Spiele vorstellen; miteinander spielen; Spielregeln aufzeichnen oder aufschreiben

Material

große und kleine Steine, Spielanleitungen (Aufgabenblätter)

Gemeinsam lernen

Die Kinder stehen in einem großen Kreis. Jedes Kind hat einen Stein in der Hand. Nun rollen die Kinder ihren Stein vorsichtig in die Kreismitte. Wie sieht unser Steinbild aus? Wessen Stein liegt neben meinem? Welche Steine haben sich berührt? Was könnte unser Steinbild darstellen?
Oder: Jedes Kind hat zwei Steine in den Händen, einen großen und einen kleineren. Zuerst werden die großen Steine in die Kreismitte getragen. Durch ihre Körperhaltung drücken die Kinder Größe und Gewicht des Steines beim Tragen aus. Dann sucht jedes Kind einen Platz für seinen kleinen Stein auf einem großen Stein. Durch Bewegungsablauf und Körperhaltung wird auch diese Aktivität ausgedrückt. Nun sehen wir unser Stein-Bild gemeinsam an und sprechen darüber.
Oder: Kinder aus anderen Ländern zeigen uns ihre Stein-Spiele, die dann gemeinsam gespielt werden. Gibt es Gemeinsamkeiten? Worin unterscheiden sie sich? Die Spielregeln können aufgeschrieben und es kann dazu gezeichnet werden. Vielleicht wird noch ein Foto davon gemacht.

Individuell lernen

In der Angebotsphase liegen Spielanleitungen und Materialien aus, die für die jeweiligen Spiele erforderlich sind. In einer freien Orientierungsphase informieren sich die Kinder über die Spiele. Auf den Angebotskarten stehen der Name des Spiels, die Zahl der Mitspieler und eine Kurzinformation zum jeweiligen Spiel.

Angebot 1: Spiel mit bunten Steinen

(zwei Spieler)
Dieses Spiel kannst du erst dann spielen, wenn du 15 Steine auf einer Seite angemalt hast.

Angebot 2: Stein auf Stein

(zwei Spielgruppen von je mindestens drei Kindern)
Dieses Spiel ist ein indianisches Steinspiel.

Angebot 3: Das Rätselrad

(mindestens zwei Spieler)
Du musst gut hüpfen können und Spaß an Wörtern haben.

Angebot 4: Paradieshüpfen

(mindestens zwei Spieler)
Kannst du auf dem linken und auf dem rechten Bein hüpfen? Du darfst dich zwischendurch auch ausruhen.

Angebot 5: Fünf-Steine-Spiel

Dieses Spiel kannst du auch allein spielen. Du musst dabei schnell und geschickt sein.

Nach der Orientierungsphase entscheiden sich die Kinder für ein Angebot und suchen sich ihre Mitspieler. Alle Spiele müssen im Freien gespielt werden.

Tipps und Anregungen

Die Spielregeln für das Paradieshüpfen stehen in dieser Reihenfolge: 5, 1, 3, 2, 8, 4, 6, 7.
Für eine Wanderung oder einen Landheimaufenthalt bietet sich an einem „steinhaltigen" Ort (Strand, Steinbruch, Flussmündung o. Ä.) folgendes Spiel an:
Ein Kind wirft einen Ball so hoch es geht. Bis es den Ball wieder aufgefangen hat, sammeln die anderen Kinder so viele Steine wie möglich. Nachdem der Ball fünfmal in der Luft war, werden die Steine gezählt. Wer die meisten Steine besitzt, darf jetzt den Ball werfen.
Wird ein Spielbuch in der Klasse geführt, so werden Spielregeln, Herkunft des Spiels und ein Foto ins Buch geklebt.
Die Kinder können auch selbst Stein-Spiele erfinden.

❖ Naturerfahrungsspiele mit Steinen

Ziele

Steine im Hinblick auf ihre Merkmale in der Natur suchen; Steinformen im Spiel erproben

Material

Steine, Plan des Schulhofs oder Geländeskizze, Material für ein Steinsäckchen, Aufgabenblatt

Gemeinsam lernen

Auf dem Schulgelände oder während eines Landheimaufenthalts lassen sich Stein-Spiele besonders gut spielen. Es geht dabei nicht nur um konkrete Spiele sondern auch um spielorientierte Aktivitäten. Dieses kann auch der Einstieg in das gesamte Unterrichtsvorhaben sein.
Ist ein Gewässer in der Nähe, werden die Kinder mit viel Eifer Flip-Flap (manche nennen es auch Steine-Ditschen) üben, d. h. einen flachen Stein schräg über das Wasser werfen, sodass er einige Male auf der Wasseroberfläche springt. Welche Steinform und -größe springt am besten?
Gemeinsam spielen die Kinder das Naturerfahrungsspiel „Such-den-Stein":
Einer ist der Spielleiter. Er sucht drei verschiedene Steine und legt sie in eine Reihe. Nun sagt er den Mitspielern, auf welches Merkmal es bei jedem Stein ankommt, z. B. ein Stein mit Streifen, ein kleiner, glatter, runder und ein Feuerstein. Jetzt müssen die Mitspieler in einer vorgegebenen Zeit von jeder Sorte einen Stein finden und zu den Spielsteinen legen.

Individuell lernen

Nach der gemeinsamen Spielphase bekommen die Kinder drei spielorientierte Angebote.

Angebot 1: Stein-Schatz-Suche

Dieses Spiel wird in zwei Gruppen mit je drei Kindern gespielt.
Die eine Gruppe sucht einen besonderen Stein in der Umgebung. Die Kinder beschreiben ihn auf einem kleinen Zettel so gut, dass man ihn wiedererkennen kann. Sie suchen ein geeignetes Versteck, wo der

Stein – umgeben von mehreren anderen Steinen – sichtbar liegen muss.
Dann zeichnen sie die Lage des Steinschatzes auf einer vorgegebenen Skizze ein. Die andere Dreiergruppe bekommt die Beschreibung des Steines und die Skizze. Sie muss den Stein finden.

Angebot 2: Stein-Labyrinth

Habt ihr Lust einen Irrgarten aus Steinen zu bauen? Benutzt dafür die Zeichnung nach dem Muster des berühmten Labyrinths von Kreta.
6 Vielleicht liest euch euer Lehrer die Sage von König Minos vor.
Wenn der Irrgarten fertig ist, rennt so schnell wie möglich vom Eingang zum Ziel und zurück. Natürlich dürft ihr dabei nicht auf die Steinbegrenzungen treten.

Angebot 3: Stein-Säckchen

1. Such die schönsten Steine in der Umgebung. Jetzt brauchst du etwas zum Aufbewahren.
2. Fertige aus dem bereitliegenden Material ein Säckchen für deine Lieblingssteine. Nun hast du deine Glücksbringer gut verwahrt.

Wie nach jeder Angebotsphase werden zum Abschluss Erfahrungen ausgetauscht und die Produkte gezeigt und begutachtet.

Tipps und Anregungen

Das Stein-Säckchen lässt sich auf verschiedene Weise herstellen, z. B. häkeln, aus Filz, Leder oder (bedrucktem/bemaltem) Stoff nähen. Die Kinder können außer einem Labyrinth natürlich auch andere Muster legen.

3.2 Mit Steinen gestalten

❖ **Stein-Farben**

Ziele

Steinfarben mischen um die unterschiedlichen Farbtöne eines Steinhaufens malen zu können; aus weicherem Natur- und Kunststein Steinmehl herstellen und Steinfarben mischen; mit den Steinfarben der Anleitung entsprechend malen

Material

Steinsammlung mit guten Abrieb (Sandstein, trockener Ton, Gips, Kohle, Ziegelstein, Ytong), Aufgabenblätter, Abbildungen von Höhlenmalerei, braunes Makulaturpapier, Feilen, Schüsseln, angerührter Tapetenkleister, Tuschkästen, Deckweiß, dicke Borstenpinsel

Gemeinsam lernen

In der Regel reicht eine kurze Informationsphase zur inhaltlichen Orientierung aus. Der Lehrer zeigt den Kindern die Abbildung einer Höhlenmalerei und erzählt von deren Bedeutung und Herkunft. Er macht die Kinder darauf aufmerksam, dass diese Zeichnungen Botschaften enthalten, wie z. B. „Büffel erlegt" u. Ä. Die Kinder nennen weitere mögliche Botschaften. Dann breitet der Lehrer die Gesteine und das Mineral Gips auf dem in der Mitte stehenden Tisch aus und weist in die Herstellungstechnik von Steinfarbe ein. Der genaue Arbeitsablauf steht auf dem Aufgabenblatt. Die Kinder arbeiten in Gruppen.
8 Das zweite Angebot – Einen Steinhaufen malen – wird ebenfalls nur kurz vorgestellt. Der Lehrer kann auch ein angefangenes Produkt zeigen oder vor den Augen der Kinder die Farbe eines Steines mischen. Auch dieses Angebot soll anhand der Anweisungen auf dem Aufgabenblatt selbständig bearbeitet werden.

Individuell lernen

Angebot 1: Höhlenmalerei

Angebot 2: Einen Steinhaufen malen

Tipps und Anregungen

Es ist am günstigsten den Klassenraum in zwei Arbeitsbereiche einzuteilen, indem man für beide Bereiche mehrere Tische zusammenschiebt, auf denen auch die Materialien bereitstehen. Für die Höhlenmalerei legt man den Fries aus Makulaturpapier am besten auf den Fußboden und hängt ihn erst nach dem Trocknen auf.

❖ Stein-Figuren

Ziele

Formen von Steinen multisensorisch wahrnehmen; Steinformen gegenstandsbezogen interpretieren; Steine nach ihrer Form auswählen und produktgerecht zusammensetzen; Techniken des Reinigens und Lackierens ausführen; mit Steinen eine Geschichte legen und dazu erzählen

Material

Steinsammlung, Tuschkästen, feine Pinsel, Bürsten, Schmierseife, Spezialkleber, Lack, Aufgabenblatt

Gemeinsam lernen

Jede Kindergruppe (drei bis vier Kinder) bekommt einen Schuhkarton mit Steinen und den Auftrag: Sucht Steine, die aussehen wie … ein Herz, ein Schneckenhaus, … Danach treffen sich die Kinder im Kreis, halten einen Stein hoch und fragen die anderen „Was ist das wohl?" Manchmal sehen und interpretieren andere Kinder genauso wie das zeigende Kind, manchmal sehen sie eine andere Figur darin. Dabei machen sie die Erfahrung, dass die Interpretation sehr subjektiv geprägt ist.
Im zweiten Teil der gemeinsamen Phase lässt der Lehrer nacheinander einige Steine herumgehen, die die Kinder mit geschlossenen Augen ertasten. Die Kinder äußern sich nach jeder Runde zu ihrem Fühleindruck: Wie hat sich der Stein angefühlt? Wie ein Vogelei, ein Bonbon, eine Maus ohne Schwanz, …?

Individuell lernen

Nun schließt sich eine Angebotsphase an:

Angebot 1: Lege eine Stein-Geschichte und erzähle dazu.

Angebot 2: Setze Steine zu einer Figur zusammen, vielleicht eine Schnecke oder ein Steinmännchen?
Achte darauf, dass die Balance stimmt.

Angebot 3: Wähle einen Stein aus, der aussieht wie…
Damit jeder erkennt, was du meinst, male ein Teil des Dinges mit Tusche an.
Beispiel: Sieht dein Stein aus wie ein Haus, dann male die Tür an.
Tipp: Die Tuschfarbe muss schön dick sein.

Tipp

Die Kinder können auch Zaubersteine anfertigen (siehe S. 67 f.).

❖ Stein-Schatzkisten

Ziele

Aus einfachen Steinen kleine Kostbarkeiten machen; einzelne Steine und gestaltete Umgebung aufeinander beziehen; Techniken des Reinigens, Schmirgelns und Lackierens anwenden und sich über die Veränderung des Steins freuen; aus scheinbar wertlosem Material und Naturmaterialien eine Schatzkiste einrichten

Material

farbige oder gemusterte nicht zu große Steine, verschieden große Kartondeckel, Malutensilien oder Farbspray, Dosendeckel und kleine Schachteln, Naturmaterialien (Blätter, Zweige, Baumrinde, Moose, …), Sand, scharfe Bürsten, Schmierseife, Schmirgelpapier, Lack, Öl, Pinsel

Gemeinsam lernen

Der Lehrer öffnet zu Beginn der gemeinsamen Phase einen Karton: Auf einem farbig abgestimmten Untergrund liegt ein Stein.
Er eröffnet dann die Angebotsphase, indem er die Lernangebote vorstellt:
Es geht darum drei unterschiedliche Schatzkisten mit Steinen herzustellen. Für alle drei müssen die Steine vorher gründlich mit Schmierseife und Bürste gereinigt und eventuell auch geschmirgelt werden. Um die Farben der Steine besonders ausdrucksvoll zu machen kann man sie lackieren oder auch mit Öl einreiben. Diese Verfahren und Techniken werden in der gemeinsamen Phase gezeigt.

Individuell lernen

Angebot 1: Kannst du mit Farben verstecken?

1. Besorge dir Naturmaterialien (z. B. Blätter, Baumrinde, Gräser, …) und breite sie in einem Kartondeckel aus.
2. Suche dir nun Steine aus, die ähnliche Farben haben, und lege sie so auf deinen Natur-Teppich, dass man sie nicht so leicht erkennt? Wer kann am besten mit Farbe verstecken?

Angebot 2: Verzauberte Steinlandschaft

1. Fülle einen Kartondeckel mit Sand und gestalte darin mit Naturmaterialien (z. B. Zweige, Tannenzapfen, Schneckenhäuser, …) eine fantastische Landschaft.
2. Lege dann einige von dir verschönerte Steine an besondere Stellen.

Angebot 3: Stein-Schatzkiste

1. Für deine Schatzkiste klebst du Dosendeckel und kleine Schachteln in einen Kartondeckel. Du kannst alles anmalen oder auch mit Farbspray besprühen.
2. Nun bürste besonders schöne Steine mit Wasser und Schmierseife gründlich sauber. Du kannst sie auch noch mit feinem Sandpapier schmirgeln.
3. Lass die Steine trocknen und male sie mit farblosem Lack an. Sind sie nicht schön geworden?
4. Zum Schluss legst du die schönen Steine in deine Schatzkiste.

❖ Mosaiken

Ziele

Bilder und Muster mit Steinen legen; dafür geeignete Steine auswählen und ordnen; Ideen für ein Produkt entwickeln und dabei die Erfahrung machen, dass nur klare, eindeutige Formen für ein Mosaik geeignet sind; nach einer gegenständlichen, zeichnerischen oder schriftlichen Arbeitsanweisung arbeiten; für das Kunstwerk einen Namen finden

Material

Steine unterschiedlicher Größe, Form, Färbung und Musterung (möglichst klein und flach), Kartondeckel unterschiedlicher Größe, feuchter Sand, Tapetenkleister, Gips, Aufgabenblatt

Gemeinsam lernen

Im Kreisgespräch werden mit den Kindern mögliche Produkte besprochen. Der Lehrer kann auch auf ein Mosaik verweisen, dass die Kinder aus ihrer Umgebung kennen, oder ein Bild zeigen.
In der Mitte des Kreises liegt die Steinsammlung. Können wir eine Blume oder einen Baum aus Steinen auf den Boden legen? Welche Steine wählen wir dafür aus? An dem auf den Boden gelegten Beispiel wird ansatzweise das Prinzip des Mosaiks verdeutlicht. Dabei erfahren die Kinder, dass der Umgrund aus einfarbigen Steinen besteht, die jede Lücke des Objekts ausfüllen. Die Sand-Wasser-Mischung sollten die Kinder später selbst erproben. Wichtig ist jedoch der Hinweis, dass sie nicht zu nass sein darf.
Soll das Produkt aufbewahrt oder als Geschenk verwendet werden, empfiehlt sich eine Sand-Kleister-Mischung oder angerührter Gips.
Als Orientierung für die Angebotsphase werden im Gesprächskreis auch die anderen Lernangebote vorgestellt. Der Lehrer entscheidet, ob er jeweils ein angefangenes Produkt zeigt oder die Angebote nur kurz vorstellt und auf die Arbeitsanweisungen verweist.

Individuell lernen

Angebot 1: Mosaik

Fülle feuchten Sand in einen Kartondeckel und wähle die Steine für dein Mosaik aus.
Beachte beim Legen deines Mosaiks alle wichtigen Punkte, die wir besprochen haben!
Wie heißt dein Mosaik?

Angebot 2: Stein-Teppich

Angebot 3: Sand-Bild mit Steinen

1. Suche dir einige schöne oder auch merkwürdig aussehende Steine und lege sie mit der schönen Seite nach unten in einen Kartondeckel.
2. Streue so viel Sand darüber, dass die Steine noch herausschauen.
3. Gieße angerührten Gips darüber. Möchtest du das Bild aufhängen, so gipse eine Schnur mit ein.
4. Wenn der Gips trocken ist, schneide den Kartondeckel vorsichtig auf und nimm das Sand-Bild heraus.
5. Bürste den losen Sand ab: Fertig ist das Kunstwerk! Wie heißt es?

Tipp

In diesem Zusammenhang bietet es sich an auf die Existenz und Funktion von Mandalas näher einzugehen. Stehen ausreichend Steine zur Verfügung, so können die Kinder als Konzentrations- bzw. Entspannungsübung spontan eigene Mandalas legen.

❖ Stein-Dekorationen

Ziele

Steine als Dekorationsobjekte erfahren und verwenden; einen Steingarten arbeitsteilig nach Plan anlegen und pflegen; mit dem Maßstab rechnen; durch Befragen von Fachleuten Informationen zur Anlage und Bepflanzung einholen; Steckbriefe zu den Pflanzen schreiben; Pflanzen und Steine harmonisch anordnen; Farbveränderungen von Steinen im Wasser beobachten und für ein Dekorationsobjekt nutzen

Material

Unterrichtsgang:	Fotoapparat, Kassettenrekorder mit Leerkassette und Mikrofon, Blumenkataloge und/oder Gartenbücher
Steingarten:	Humuserde, Sand Pflanzschaufeln, Hacken größere Steine Pflanzen (Trockenmauer- oder Polsterstauden, z. B. Arabis, Steinbrech, Porzellanblume u. Ä.) Aufgabenblätter
Steinglas:	Gläser mit Schraubdeckelverschluss Steine Wasser evtl. Farbspray für den Deckel Spezialkleber

Vorüberlegungen

Das Anlegen eines Steingartens bzw. Steinbeetes ist ein Langzeitvorhaben. Deshalb sollte der Lehrer auch einige Vorüberlegungen anstellen und sicher sein, dass er dieses Vorhaben das ganze Jahr über immer wieder in seine Unterrichtsarbeit einbeziehen will. Es ist zu klären,

- ob an der Südseite des Schulgeländes ein Steinbeet angelegt werden kann,
- ob Eltern bei der Anlage helfen können,
- woher man Trockenmauer- und Polsterpflanzen bekommen kann,
- ob man einen Unterrichtsgang in eine entsprechende Gärtnerei oder auf den Wochenmarkt unternehmen kann,

- wer das Beet in den Sommerferien pflegt,
- ob das Vorhaben anschließend von einer anderen Lerngruppe weitergeführt werden kann, die u. U. die Bepflanzung durch das Setzen von Blumenzwiebeln erweitert.

Das Anlegen des Steingartens kann nur mit einer Hälfte der Klasse erfolgen. Es ist daher erforderlich, dass die andere Gruppe im Wechsel eine andere Aktivität (Stein-Glas) aufnimmt und auch von einem Kollegen oder einer Mutter betreut wird.

Gemeinsamer Unterrichtsgang

Der Unterrichtsgang und die Planung des Beetes erfolgen jedoch in der ganzen Lerngruppe.
In der Gärtnerei oder auf dem Wochenmarkt lassen die Kinder sich beraten, welche Pflanzen für ein Steinbeet geeignet sind. Eventuell wird von den Pflanzen ein Foto gemacht oder man besorgt sich Bildmaterial aus Blumenkatalogen. Die Informationen können auch auf Kassette aufgenommen werden.

Gemeinsame Erstellung eines Plans

Zuerst wird mit der ganzen Klasse ein Plan erstellt: Je nach Entwicklungsstand der Kinder wird man einen Plan in Originalgröße oder im Verhältnis 1 : 2 auf Makulaturpapier entwickeln. Dieser Plan ist in Planquadrate (50 × 50 cm) eingeteilt.
Die Lerngruppe setzt sich um den Plan und platziert nun die bereits ausgewählten größeren Steine. Dabei lenkt der Lehrer die Aufmerksamkeit der Kinder auf das Legen von Steingruppen (drei bis fünf Steine) um ein harmonisches Gesamtkonzept zu erzielen. Dann werden Abbildungen der Pflanzen zugeordnet. Sind diese nicht zu bekommen, werden Namenskärtchen aufgeklebt, die die Kinder mit entsprechenden Farbtupfern versehen.
Im 3. und 4. Schuljahr können die Kinder im Rahmen dieses Vorhabens lernen, wie man eine Verkleinerung des Maßstabes vornimmt. Sie übertragen den Plan auf ein in Planquadrate eingeteiltes DIN-A4-Blatt.
Im 1. und 2. Schuljahr kann man den Plan in Schuhgrößen eines Kindes vermessen und auf das Beet übertragen.
Es ist dem Lehrer überlassen, ob im Anschluss daran das Anlegen des Beetes in je einer Halbgruppe zur Hälfte erfolgt oder ob zunächst folgende Lernangebote gemacht werden:

Individuell lernen

Angebot 1: Schreibe einen Steckbrief zum Steinbrech.
Klebe in die Mitte ein Bild mit dem Namen.
Wie sieht die Blüte aus?
Beschreibe die Blätter.
Wie wird die Pflanze gepflegt?
Schreibe die Informationen sternförmig um das Bild.

Angebot 2: Schreibe einen Steckbrief zur Fetthenne.

Angebot 3: Schreibe eine Informationskarte zur Arabispflanze.
Schau in Büchern nach interessanten Informationen.
Höre die Kassette ab. Was hat der Gärtner gesagt?
Deine Info-Karte ist besonders schön, wenn du ein Foto dazuklebst.

Diese Angebotsphase kann auch erfolgen, wenn die andere Gruppe ihre Beethälfte bepflanzt.
Für Kinder, die fertig sind, steht ein Zusatzangebot bereit, das sie nach einer Anleitung bearbeiten:

Angebot 4: Stein-Glas

Tipp

Alternativ zu einem Steingarten mit Zierpflanzen kann man auch eine „Kräuter-Schnecke“ aus Steinen herstellen:

❖ Schmuck-Steine

Ziele

Steine produktangemessen auswählen und in Kombination mit Metall verarbeiten; Steine sachgerecht vorbereiten (reinigen und lackieren); nach Arbeitsanweisung ein Produkt herstellen

Material

kleine, dekorative Steine und große, formschöne Steine, dünner Eisen- und Silberdraht, Ohrstecker, Messingplatten mit Verschlüssen (für Broschen), Spezialkleber, Lack, Pinsel

Gemeinsam lernen

Nach Ankündigung des Vorhabens suchen die Kinder aus einer Sammlung kleinerer Steine besondere Schmucksteine aus. Sie werden in der Mitte des Sitzkreises auf eine dekorative Unterlage (rotes Papier oder schwarzer Samt) gelegt.
Der Lehrer informiert die Kinder über die Schmuck-Produkte: Steinbrosche, Ohrgehänge, Briefbeschwerer. Welcher Stein könnte zu einer Brosche verarbeitet werden? Welche Steine zur Ohrringen? Welcher große Stein wird ein hübscher Briefbeschwerer, den man vielleicht verschenken möchte?
Die ausgesuchten Steine werden produktorientiert geordnet und mit einem Produktschild versehen.
Wie wird aus dem Stein eine Brosche? Die Kinder entwickeln Vorschläge. Danach zeigt der Lehrer die erforderlichen Materialien.
Wie kann ich mir Ohrstecker herstellen? Zur Beantwortung der Frage führt der Lehrer in den Umgang mit Silberdraht ein. Gleichzeitig macht er aber auch deutlich, dass die Technik des Biegens und Drehens zunächst mit Eisendraht geübt werden muss um einen zu großen Andrang zu diesem Angebot zu vermeiden. Er demonstriert auch die Befestigung des Gehänges an die Stecker. Günstig ist es ein schon fertiges Produkt zu zeigen und später als Demonstrationsobjekt auszulegen.
Der Briefbeschwerer wird in seiner Funktion beschrieben. Die Art und Weise der Herstellung entnehmen die Kinder der Angebotskarte. Um dieses Angebot attraktiv zu machen sollte der Lehrer die Verschönerung durch das Lackieren am Beispiel zeigen.

Individuell lernen

Die Kinder wählen nun ihr Angebot aus. Ist ein Angebot überbesetzt, so entscheidet das Los. Der Lehrer macht seine Rolle für die Angebotsphase deutlich:

Alle Kinder, die mit Spezialkleber arbeiten, lassen sich von ihm helfen. Nun wird der Klassenraum in drei Arbeitszonen eingeteilt. In jedem Bereich gibt es einen Materialtisch, auf dem auch die jeweilige Angebotskarte mit den einzelnen Arbeitsschritten steht:

Angebot 1: Ohrgehänge

1. Wähle zwei gleiche oder auch unterschiedliche kleine Steine aus.
2. Reinige sie sorgfältig.
3. Umwickle jeden Stein kreuzweise mit dünnem Eisendraht.
4. Ist es dir gut gelungen, dann mache es ebenso mit Silberdraht und lass ein Drahtende stehen.
5. Befestige das Drahtende am Ohrstecker

Sieht dein Ohrring nicht toll aus?

Angebot 2: Steinbrosche

1. Wähle einen oder mehrere Steine aus und reinige sie sorgfältig.
2. Lass dir beim Aufkleben auf die Messingplatte helfen
3. Klebe auf die Rückseite den Broschenverschluss.

Angebot 3: Briefbeschwerer

1. Suche einen großen Stein aus, der gut auf dem Tisch liegt.
2. Reinige ihn sorgfältig.
3. Lege ihn auf eine Unterlage und lackiere ihn.

Ist das nicht ein wunderschönes Geschenk?

Tipp

Bei diesem Vorhaben ist die Unterstützung durch Eltern zu empfehlen.

3.3 Steine in Stadt und Land

❖ **Steine in unserer Umgebung**

Steine in unserem Lebensraum sind Träger kultureller Aussagen. Sie sind überall: an Gebäuden als Werkstoff und Ornament, in Mauern in der Funktion des Schutzes und der Abgrenzung, in Gärten als Schmuckstücke, in Parks und auf Plätzen als Gedenksteine und Symbole. Oft sind künstlerisch bearbeitete Steine auch Träger einer Inschrift.

Ziele

Steine als Grundstoff der Natur in ihrer kulturellen Verwendung begreifen; Bedeutung und Funktion von Steinen in der eigenen Umgebung wahrnehmen und erkunden; Fundorte von Steinen fotografisch, in einem Plan oder tabellarisch dokumentieren; bei Neubauten die Verwendung von Kunststeinen in ihrer Funktion erkennen; die Lernergebnisse ausstellen

Material

Fotos von Gebäuden, Denkmalen, Plätzen und Straßen aus der Schulumgebung, entsprechende Stein-Beispiele, Aufgabenblatt, evtl. Kassettenrekorder mit Mikrofon und Leerkassette, Fotoapparat

Gemeinsam lernen

Eine gemeinsame Erkundung des Schulbezirks wird durch eine vorbereitende Hausaufgabe eingeleitet. Die Kinder erhalten den Auftrag auf ihrem Schulweg und in der nächsten Umgebung ihrer Wohnung nach unterschiedlichen verarbeiteten Steinen zu gucken. Je nach Standort machen sie Beobachtungen, von denen sie im späteren Unterrichtsgespräch berichten. Der Lehrer kann auch Fotos aus der

Schulumgebung verteilen mit der Suchaufgabe: Wie viele unterschiedliche Steine könnt ihr auf dem Foto entdecken?
Beide Verfahren sensibilisieren die Kinder im Hinblick auf das Erkundungsvorhaben. Nach dem Besprechen des Erkundungsauftrags wird mit den Kindern gemeinsam überlegt, in welcher Art und Weise sie ihre Beobachtungen festhalten können und wie man sich die Arbeit aufteilen will.
Es ist zu empfehlen, dass sich Kindergruppen für bestimmte Straßenzüge bilden. Bei auftretenden Fragen ist zu klären, ob es erlaubt ist Anwohner nach einem verarbeiteten Stein zu fragen. Das wird in einer ländlichen Umgebung unproblematischer sein als in der Großstadt.
Ebenso kann in diesem Zusammenhang möglicherweise ein Steinsetzer bei der Arbeit interviewt werden.
Je nach Klassenstufe wird der Lehrer sich auch für eines der möglichen Verfahren zum Festhalten der Beobachtungen entscheiden: Fotoapparat, Kassettenrekorder, Tabelle, Plan/Grundriss oder eine Faustskizze.

Individuell lernen

Zurück im Klassenraum werden die Informationen gebietsbezogen gesammelt. Einige Tage später ergänzen Fotos das Material. Jede Gruppe stellt ihre Erkundung vor.
Nun kann die Angebotsphase folgen, in der Schrift- und Bildinformationen themenbezogen und interessenorientiert aufgearbeitet und auf einem Poster (evtl. auch mit kleiner Ausstellung) zusammengestellt werden.

Angebot 1: Steine als Schmuckstücke in Gärten

Angebot 2: Steine auf Straßen, Plätzen und Gehwegen

13

Angebot 3: Steine an Gebäuden und Häusern

Angebot 4: Steine als Denkmale in Parks und auf Plätzen

Auf einem Ausstellungstisch zu jedem Angebot können aus der Steinsammlung die dazugehörigen Steine ausgestellt werden.

Tipps und Anregungen

Die Auftragsformulierung für die Angebote 1 und 4 richtet sich nach den örtlichen Gegebenheiten.
Denkmale und Skulpturen müssen für Grundschulkinder besonders ins Blickfeld gerückt werden. Dann können sie herausfinden, was diese darstellen, wann sie hergestellt wurden, und auch die Inschrift entziffern und deuten.
Wird im Schulbezirk ein Haus gebaut, so kann der Lehrer hier einen speziellen Schwerpunkt setzen.
Kinder arbeiten besonders motiviert, wenn ihre Arbeiten auch veröffentlicht werden. Ist das Vorhaben einschließlich Lernprodukt gut gelungen, kann es auch ausgestellt werden, z. B. in einem Geldinstitut, im Schaufenster einer Buchhandlung oder in einem anderen stadtteilbezogenen Forum.

❖ Steine sind überall

Ziele

Steine als Medium einer ästhetischen Wahrnehmung von Natur erfahren; Steine als geologische Zeugen der Erdgeschichte begreifen; Steine sammeln und ihren Fundort auf unterschiedliche Art und Weise dokumentieren; dabei lernen, wie man Fundorte in einem Lageplan festhält und eine strukturierte Gesteinssammlung anlegt; Steine als Erinnerungsstücke mit subjektiver Interpretation erfahren

Material

Behälter zum Sammeln und Transportieren der Steine, Zeitungspapier, Notizzettel, Stifte, Fotoapparat, Pläne der Umgebung, Klebstoff, Sachbücher, Skizzen des erkundeten Landschaftsausschnittes, Kartondeckel, Pappstreifen, weiße Selbstklebeetiketten, schwarze Filzstifte, weiße Kärtchen

Gemeinsam lernen

Grundlage des Erkenntnisprozesses ist eine Erkundung in die nähere Umgebung anlässlich eines Wandertages oder eine gezielte Stein-Exkursion. Der Lehrer wählt ein Landschaftsgebiet aus, in dem die Kinder auch fündig werden. Hier wird neben dem lustvollen Sammeln gleichzeitig das Erforschen erdgeschichtlicher Zusammenhänge angeregt.

Vorbereitung der Exkursion

Die Kinder bringen Stofftaschen oder Körbe zum Transport der Steine mit. Es ist günstig Zeitungspapier zum Einwickeln der Steine mitzunehmen, damit sie nicht verschrammen. Je nach Klassenstufe oder auch als differenzierende Maßnahme werden ein Fotoapparat zur Dokumentation des Fundortes und/oder Pläne der Umgebung zum Eintragen mitgenommen. Es können auch kleine Notizzettel sein, die zusammen mit dem Stein eingewickelt werden um Verwechslungen zu vermeiden.
Jedes Kind behält seine eigene Sammlung und bestimmt über deren Verwendung. Steine sind schwer. Jedes Kind sollte nicht mehr als zehn Steine mitnehmen.

Individuell lernen

Nach der Exkursion werden die Funde auf einem liegenden Fries aus Makulaturpapier ausgebreitet und der Name des Sammlers dazugeschrieben.
Diese Steine werden anschließend für das jeweils gewählte Angebot genutzt. Werden nicht alle gebraucht, können die übrigen der gemeinsamen Steinsammlung zugeordnet werden.
Zunächst orientieren sich die Kinder im gemeinsamen Gespräch auf der Landschaftsskizze. Orientierungspunkte, wie z. B. eine Baumgruppe oder ein Rastplatz, werden markiert. Dann stellt der Lehrer die Angebote vor:

Angebot 1: Stein-Fundorte

1. Zeichne die Fundorte deiner gesammelten Steine in den Plan ein und nummeriere sie.
2. Stelle Namenskärtchen her: Auf der Vorderseite stehen die Nummer und der Name des Gesteins. Auf die Rückseite schreibst du alles, was du über dieses Gestein weißt. Vielleicht kannst du Fachleute befragen.

Angebot 2: Etwas für Steinforscher (Geologen)

Du kannst selbst eine kleine Ausstellung machen:

1. Klebe Trennwände in einen Kartondeckel.
2. Klebe auf jeden Stein ein Etikett, nummeriere die Steine und lege sie in die Fächer.
3. Schreibe zu jedem Stein eine Informationskarte (mit derselben Nummer). Lies dazu in Sachbüchern nach oder besuche eine Gesteinssammlung in einem Museum.

Angebot 3: Meine Erinnerungssteine

1. Klebe Trennwände in einen Kartondeckel.
2. Lege deine Steine in die Fächer.
3. Schreibe zu jedem Stein einige Notizen auf einen Zettel (Fundort, Besonderheiten, …) und lege diesen dazu.

Tipp

Für eine abschließende gemeinsame Unterrichtsphase kann der Lehrer einen bestimmten Stein als Lerngegenstand auswählen.

3.4 Natur- und Kunststeine

❖ Steine und Handwerk

Ziele

Natur- und Kunststeine vergleichen und unterscheiden; ihre Bestandteile kennen und ihren Verwendungszusammenhang erkunden; beim Steinmetz etwas über die Bearbeitung, das Werkzeug und die Produkte erfahren; in einer Baumaterialfirma Herkunft und Verwendung von Natur- und Kunststeinen erkunden; auf einem Friedhof Grabmale aus verschiedenen Steinen suchen und fotografieren; Kunststeine herstellen; etwas aus Ytong oder aus Speckstein schnitzen; dabei sachgerecht mit Werkzeug umgehen und sich nach einer schriftlichen Anleitung richten; ein Spiel mit Stein-Steckbriefen spielen

Material

Ziegelsteine, Ytong-Bausteine, Naturstein-Bruch, Kieselsteine, Speckstein, Gips oder Zement, Käseschachteln, Schnitzmesser, Feile, Beitel, Stecheisen, Hammer, Sandpapier, Aufgabenblätter, Kassettenrekorder mit Mikrofon und Leerkassette, Fotoapparat

Gemeinsam lernen

Natur- und Kunststeine können besonders gut beim Steinmetz angeschaut werden. Gleichzeitig erfahren die Kinder etwas über die Arbeit, das Werkzeug und die Produkte dieses Handwerkers. Sie sehen Produkte in der Entstehung und können ihre Fragen direkt an den Fachmann richten. Das Interview kann auf Kassette aufgenommen werden, damit es für die weiterführende Arbeit zur Verfügung steht. Der Steinmetz könnte auch gute Tips für die Herstellung von Produkten aus Ytong und Speckstein in der Angebotsphase geben.
Ist eine Baumaterialfirma in der Nähe, können die Kinder Einblick in einen anderen Berufszweig gewinnen, der mit Natur- und Kunststeinen zu tun hat. Auch hier ist es günstig Informationen zu den Steinen, ihrer Verwendung und ihren Preisen auf Kassette aufzunehmen. Je nach standortbezogenen Gegebenheiten wird es auch möglich sein Steinproben, Werbeprospekte oder Abbildungen mitzunehmen um sie für ein Poster oder ein gemeinsam erstelltes Steine-Buch zu verwenden.
Ein Gang über den Friedhof kann sich zum Schluss der Unterrichtssequenz anschließen. Wenn er rund um eine alte Kirche liegt, gibt es nicht selten die Gelegenheit an der Kirchmauer sehr alte Grabsteine anzuschauen, die häufig aus kunstvoll bearbeitetem Sandstein bestehen.

Tipps und Anregungen

Da sich ein Gang über den Friedhof von anderen Unterrichtsgängen unterscheidet, sollte man mit den Kindern vorher über Verhaltensregeln sprechen. Der Friedhofswärter oder möglicherweise auch der Pfarrer sind kompetente Führer und können auf besondere Grabsteine aufmerksam machen. Auf Friedhöfen sind bearbeitete Natursteine zu sehen. Meistens lohnt es sich einen Fotoapparat mitzunehmen um die unterschiedlichen Steine, z. B. Granit oder Sandstein, und ihre Gestaltung zu Erinnerungsmalen zu dokumentieren.
In diesem Zusammenhang kann der Lehrer den Kindern auch von Hügelgräbern aus früheren Zeiten erzählen und Abbildungen zeigen. Auch Bilder von ägyptischen Pyramiden und deren Errichtung (2500 Jahre v. Chr.) interessieren Kinder dieser Altersstufe sehr. Die Kinder können auch selbst Grabmale – z. B. Dolmen (keltische Gräber) – nachbauen.

Individuell lernen

Die Angebotsphase kann zwei inhaltlich verschiedene Schwerpunkte haben:
Der Lehrer entscheidet sich entweder für einen dokumentationsorientierten Schwerpunkt oder er wählt einen künstlerisch-gestalterischen Schwerpunkt.

Schwerpunkt Dokumentation

Angebot 1: Wir waren beim Steinmetz

Stelle ein Poster zur Arbeit des Steinmetzes her.
Benutze dafür die Informationen von der Kassette und die Fotos.
Du kannst die Stein-Produkte auch zeichnen (z. B. Grabsteine, Vogeltränken).
Welche Steine hat der Steinmetz bearbeitet?
Welches Werkzeug hat er benutzt?

Angebot 2: Wir waren in einer Baumaterialfirma

Stelle eine kleine Ausstellung zusammen.
Benutze die Informationen von der Kassette und aus den Katalogen über den Verwendungszweck und die Preise einzelner Steine.
Klebe Abbildungen von Natur- und Kunststeinen auf Stellkärtchen und schreibe dazu, wofür sie benutzt werden.
Wenn du Proben mitgebracht hast, stelle sie aus.

Angebot 3: Wir waren auf dem Friedhof

Stelle mit den Fotos ein Poster her. Schreibe zu jedem fotografierten Grabstein, aus welchem Stein er ist.
Hast du auch Grabmale aus Kunststein gesehen?
Erinnerst du dich an den ältesten Grabstein? Welche Jahreszahl hast du darauf gefunden?

Tipp Ein weiteres Lernangebot wäre verschiedene Fachleute zu derselben Gesteinsart zu befragen.

Schwerpunkt Gestaltung

Angebot 1: Erfinde einen Kunststein!

Angebot 2: Eine Speckstein-Katze schnitzen

Angebot 3: Eine Ytong-Eule gestalten

Tipp Da Ytong-Steine aus Kalk bestehen, sollte das Arbeiten im Freien stattfinden! Die Kinder können auch aus den Elementen eines zersägten Ytong-Blocks etwas bauen (Spezialkleber!), z. B. eine Stadt:

Pflichtaufgabe

Spielt das Stein-Steckbrief-Spiel

16a 16b 16c

Es können sieben Kinder mitspielen. Jedes Kind bekommt einen Stein und die dazugehörende Namenskarte. Zu jedem Stein gibt es vier Steckbrief-Karten. Alle Karten werden gemischt und verdeckt auf dem Tisch ausgebreitet.
Nacheinander werden Karten aufgedeckt. Passt eine Karte, darf der Spieler sie zu seiner Namenskarte legen. Sonst wird sie wieder abgelegt.
Viel Spaß!

Tipps und Anregungen

Jeder Steckbrief wird zweimal kopiert, da er einmal in Streifen geschnitten wird und einmal zur Kontrolle als ganzer Steckbrief ausliegt.
Wird das Spiel häufiger benutzt, sollte es auf Karton kopiert und kaschiert werden.
Die Herstellung der Skulpturen kann von dem Text „Was willst du denn eigentlich?“ (S. 71) begleitet werden.

3.5 Entstehungsgeschichte der Steine

❖ **Unsere Erde – die größte Steinfabrik**

Ziele

Durch Informationen und Versuche Vorstellungen über die Entstehung von Steinen entwickeln; verstehen, dass dieser Prozess seit Jahrmillionen andauert und sich unter veränderten Bedingungen (Hitze, Druck) neue Gesteine bilden; wissen, wie Sandstein, Kalkstein, Bimsstein, Basalt oder Granit entstanden sind; Sachtexten und Zeichnungen Informationen entnehmen; einen Versuch durchführen und dokumentieren; Interesse an erdgeschichtlichen Fragestellungen entwickeln

Material

Sandstein, Kalkstein, Marmor, Basalt, Granit, zwei Bimssteine, Aufgabenblätter, Karteikarten, eine hübsche Schachtel für einen Stein, Schaubild mit Querschnitt durch Vulkan und Erdschichten, Kassettenrekorder mit besprochener Kassette, Muscheln, Schneckenhäuser, Pflanzenteile, Sand, Lehm, Kies, Wasser, Gläser

Gemeinsam lernen

Der Lehrer hat die Steine, über deren Entstehung die Kinder etwas erfahren sollen, in die Mitte des Sitzkreises gelegt. Einen der Bimssteine hält er in einer geschlossenen Schachtel in der Hand. Er erzählt den Kindern – ohne den Namen des Steines zu erwähnen – wie der Bimsstein entstanden ist. Nun versuchen die Kinder herauszufinden, um welchen Stein es sich handelt. Dabei betrachten und befühlen sie die Steine in ihrer Mitte. Haben sich die Kinder entschieden, öffnet der Lehrer die Schachtel und präsentiert den Stein. Er wird herausgenommen und zum Betrachten und Befühlen herumgegeben. In der Regel schließt sich an diese Phase ein für die Kinder wichtiges Gespräch über das Innere der Erde an. Sie bringen ihr Vorwissen und ihre Vermutungen ein. Der Lehrer demonstriert nun anhand eines Schaubildes, wie man sich das Innere der Erde vorstellen kann. Dann lenkt er die Aufmerksamkeit der Kinder auf die übrigen Steine in der Kreismitte: In der Angebotsphase geht es darum herauszufinden, wie diese Steine entstanden sind. Der Lehrer ordnet die Steine in drei Gruppen mit jeweils vergleichbarer Entstehungsgeschichte:

- Sandstein, Kalkstein (Ablagerungsgestein)
- Basalt und Bimsstein (Erguss- bzw. Eruptionsgestein)
- Granit (Tiefengestein)

Individuell lernen

Da die Angebote nach dem Schwierigkeitsgrad gestaffelt sind, entscheidet der Lehrer, ob er für die einzelnen Kinder ein Pflichtprogramm zusammenstellt oder ob er es den Kindern überlässt sich selbst ein Angebot auszuwählen:

17a 17b 17c 18

Angebot 1: Etwas für Steinforscher

Informiere dich über die Entstehung eines dieser Gesteine: Granit, Basalt, Bimsstein. Bearbeite das entsprechende Aufgabenblatt.

Angebot 2: Etwas für Meeresforscher

Informiere dich darüber, wie der Sandstein entstanden ist.

Angebot 3: Etwas für Schauspieler

Informiere dich über die Entstehung von Kalkstein und Marmor. (Der Informationstext – s. u. – sollte auf Kassette aufgenommen sein!)

Höre die Kassette einige Male ab! Überlege, wie du mit anderen Kindern die Entstehung des Kalksteins nachspielen kannst.
Vielleicht brauchst du dazu einige Muscheln, Schneckenhäuser und auch Pflanzen.
Könnt ihr die Schlamm- und Sandschichten mit euren Körpern darstellen?

Wie der Kalkstein und der Marmor entstanden sind

(Kassette)

Kalkstein und Marmor sind enge Verwandte.
Hör genau zu, wie das geschieht:
Kalkstein ist wie der Sandstein durch Ablagerungen entstanden. Wir bezeichnen sie als Sedimentgesteine, d. h. „ablagern“ und kommt aus der lateinischen Sprache. Du musst dir diesen Ausdruck aber nicht merken.
Kalkstein hat sich tief auf dem Meeresboden durch das Ablagern der Schalen von Seetieren und Pflanzen gebildet:
Muscheln und Schnecken leben in Häusern, die aus Kalk bestehen. Wenn diese Tiere sterben oder die Algen im Meer absterben, sinken sie auf den Meeresboden. Im Laufe von Jahrtausenden haben sich mächtige Schichten gebildet, die auch immer wieder mit Sand bedeckt wurden. Das Gewicht der oben liegenden Schalen presst die unteren Schichten zusammen. So wird mit der Zeit Kalkstein daraus.

Dieses Gestein kann sich aber noch verändern. Durch Verschiebung der Gesteinsschichten, durch hohen Druck und große Hitze in der Tiefe verändert sich der Kalkstein. Das ist auch bei anderen Sedimentgesteinen so. Aus Kalkstein wird dann Marmor.
Besonders spannend ist, dass man in Kalksteinen Reste von Tieren und Pflanzen finden kann: Das sind Fossilien.
Habt ihr Fossilien in eurer Steinsammlung?

Angebot 4: Etwas für Wissenschaftler: Wie Ablagerungen entstehen.

1. Mische Sand, Lehm und Kies in einem Glas mit Wasser.
2. Rühre um und lass alles einen Tag stehen.
3. Zeichne und beschreibe, was passiert ist.

❖ Wie die Muschel zu Stein wurde

Ziele

Versteinerungen als ästhetische Objekte wahrnehmen; Neugier im Hinblick auf den Entstehungsprozess von Fossilien entwickeln; wissen, in welchen Gesteinen Versteinerungen zu finden sind; Versteinerungen als Zeugen vergangener Zeiten begreifen; selbst „Versteinerungen" herstellen

Material

Versteinerungen (Fossilien), versteinerte und reale Muschelschalen, Schneckenhäuser, Sachbücher, Gedicht „Versteinerung" von J. Guggenmos, Aufgabenblätter

Gemeinsam lernen

Im Sitzkreis hält der Lehrer eine versteinerte Muschel in der geschlossenen Hand. Nachdem er das Gedicht vorgelesen hat, öffnet er die Hand.

Versteinerung

In einem Acker fand ich eine Muschel.
Hier war vor Jahrmillionen einmal Meer.
Da liegt sie nun,
Nachricht von weit her,
auf meiner Hand die Muschel:

Stein geworden,
schwer.

Josef Guggenmos

Die Kinder stellen Vermutungen darüber an, wie aus der Muschel eine Versteinerung wurde. Sie vergleichen dabei die Versteinerung mit der realen Muschelschale. Der Lehrer ergänzt die Vermutungen, sodass sich die Kinder ein Bild vom Versteinerungsprozess machen können (siehe auch Texte zur vorherigen Unterrichtssequenz).
Bei der Präsentation der Angebote sollte der Lehrer zwei Angebote zur Pflicht erklären und absprechen, wer zuerst das dritte Angebot bearbeitet.
Da davon auszugehen ist, dass die beiden ersten Angebote ohne Hilfe des Lehrers bearbeitet werden können, hilft er zunächst beim 3. Angebot. Wenn man es den

Kindern noch nicht zutrauen kann, dass sie die Sand-Gips-Zement-Mischung allein herstellen, kann diese vorher in einem alten Eimer zubereitet werden.

Angebot 1: Fossilien – merkwürdige Steine

Lies in den Sachbüchern nach und schreibe einen Informationstext für die Fossilien-Sammlung.
Du kannst auch Versteinerungen dazu zeichnen.

Angebot 2: Dinos – heute?

19 Dinosaurier leben schon längst nicht mehr auf der Erde. Aber es gibt Versteinerungen von ihnen. Daher weiß man auch, wie sie ausgesehen haben.
Bearbeite zu diesem Thema das Aufgabenblatt.

20 *Angebot 3:* Abdrücke und Versteinerungen herstellen

Tipps und Anregungen

Die Arbeitsfläche sollte dick mit Zeitungspapier ausgelegt sein. Zum Einfüllen und Glattstreichen eignen sich gut alte Löffel und Messer.
In diese Unterrichtssequenz lassen sich auch der Text „Der Stein“ (S. 64 f.) und das Lied „Kieselstein, Zauberstein“ (S. 65 f.) integrieren.

❖ Allerlei über Vulkane

Ziele

Wissen, wie ein Vulkan entsteht; dafür schriftliche und grafische Informationsquellen nutzen; das Modell eines Vulkanes nachbauen und einen Vulkanausbruch simulieren

Material

Informationstexte und Abbildungen zum Thema bzw. geeignete Sachbücher, Aufgabenblätter, die in der Anleitung angegebenen Materialien für das Vulkan-Modell, Globus, Flasche mit Mineralwasser, Malutensilien

Gemeinsam lernen

Im Kreisgespräch tauschen die Kinder zunächst ihr vorhandenes Wissen über Vulkane aus. Um das Spektakuläre, dass in manchen Regionen bei Vulkanausbrüchen viele Menschen obdachlos oder getötet werden, nicht zu stark in den Vordergrund treten zu lassen lenkt der Lehrer die Aufmerksamkeit der Kinder auf die

Fragestellung: Wie wohl ein Vulkan entstanden ist? Er erweitert und korrigiert dann die Erklärungsmuster der Kinder und nimmt Abbildungen aus Büchern zur Hilfe. Dabei benutzt er Fachbegriffe wie Magma, Lava, Krater, Gasausbruch. Den Ausbruch eines Vulkans kann man am besten mit dem plötzlichen Öffnen einer vorher geschüttelten Mineralwasser-Flasche demonstrieren. Zunächst zischt das Gas aus, dann beginnt das Wasser überzuschäumen. Das unter Druck stehende im Wasser gelöste Gas bildet Glasblasen im Wasser und verursacht das Überschäumen. Auch die Lavamasse läuft so lange aus dem Krater, bis es zu einem Druckausgleich kommt.
Auf dem Globus kann der Lehrer die Gebiete aktiver Vulkane zeigen. Vielleicht ist für die Kinder interessant, dass wir in Deutschland auch Vulkane haben, die jedoch erloschen sind, z. B. in der Eifel. Im Jahr 1996 gab es in dieser Region ein leichtes Beben.

Individuell lernen

Nach dieser Orientierungsphase wählen die Kinder Angebote zur individuellen Aufarbeitung:

Angebot 1: Von der Entstehung eines Vulkans bis zum erloschenen Vulkan

1. Lies in Büchern nach.
2. Schneide die Zeichnungen vom Aufgabenblatt aus und klebe sie in der richtigen Reihenfolge auf.
3. Fertige eine Beschreibung dazu an.

Angebot 2: Male den Ausbruch eines Vulkans.
Schreibe eine Geschichte dazu.

Angebot 3: Ein Vulkan-Modell
(Arbeitsschritte 1–3)

Tipps und Anregungen

Sollten keine entsprechenden Sachtexte zur Verfügung stehen, hier die Beschreibungen zu Angebot 1:

a) Steigt glutflüssiges Magma in die Erdkruste auf, so entstehen durch Hitze und Druck Risse im Gestein. Es bilden sich Spalten oder ein Loch. Heiße Asche und Magma treten aus.
b) Asche und ausfließende Lava häufen sich um das Loch. Es bildet sich nach und nach ein Kegel mit einem Krater.
c) Der Vulkan ist ständig tätig. Immer mehr heiße Gesteinsmassen werden ausgestoßen. Lava fließt die Hänge des Vulkankegels hinab. Dieser wird immer größer.
d) Der Vulkan kann Jahrzehnte oder Jahrhunderte aktiv sein. Ruhepausen unterbrechen seine Tätigkeit, die schließlich ganz aufhört. Er wird zum „schlafenden“ oder erloschenen Vulkan. Man kann aber nie sicher sein: Es gibt Vulkane, die nach Jahrhunderten plötzlich wieder ausbrechen.

Die von den Kindern gebauten Vulkane werden erst einige Tage später – nach dem Trocknen – zum „Ausbruch“ gebracht (Arbeitsschritte 4 und 5)!
Dafür können die Kinder auch eine Vulkanlandschaft im Sandkasten oder im Freien herstellen.

3.6 In der Steinzeit

❖ **„Wenn ein Feuerstein erzählen könnte"**

Ziele

Etwas über die Lebensweise in der Steinzeit und die Bedeutung des Feuersteins in dieser Zeit wissen; durch eigenes Handeln herausfinden, wie man aus Feuersteinen Werkzeuge herstellen kann und sie handelnd erproben; aus der Form steinzeitlicher Werkzeuge ihre Funktion und ihre Weiterentwicklung ableiten und dabei die Grundform heutiger Werkzeuge in alten Werkzeugen wiedererkennen; alle Lernergebnisse auf einem Fries darstellen

Material

Text „Wenn ein Feuerstein erzählen könnte" von Alois Schmidt, Feuersteine, Hämmer, Zeitungspapier, Aufgabenblätter, Stahlstichel, Spiralbohrer, Hobel, Messer, Naturmaterialien (Baumrinde, trockenes Gras, kleine, flache Steine, Fellstücke), Tuschkästen, dicke Pinsel, große Packpapierbögen, Tapetenrolle, Klebstoff, evtl. Zunder

Gemeinsam lernen

Im Zentrum dieser Unterrichtssequenz steht der Text „Wenn ein Feuerstein erzählen könnte" von Alois Schmidt, der vom Lehrer vorgelesen, erzählt oder auch auf Kassette gesprochen werden kann:

Wenn ein Feuerstein erzählen könnte

Wisst ihr, warum man sich die Hand gibt? Sicherlich wisst ihr es: um sich zu begrüßen oder zu verabschieden. Aber warum kreuzt man nicht die Arme auf der Brust oder reibt die Nasen aneinander, wie es andere Völker in fernen Erdteilen tun? Darauf ist eine Antwort schon schwieriger zu finden... Aber was hat das Händegeben eigentlich mit einem Feuerstein zu tun? Es sind doch zwei ganz verschiedene Dinge. Wartet nur ab, ihr werdet überrascht sein!

Kennt ihr überhaupt einen Feuerstein? Wisst ihr, wie er aussieht und wo man ihn findet? Antwortet einmal ohne sofort weiterzulesen!

Einen Feuerstein erkennt ihr leicht an seinen harten Spitzen und scharfen Kanten, an denen ihr euch, wenn ihr nicht aufpasst, sogar schneiden könnt. Die Farbe ist unterschiedlich: braun, grau, dunkel, fast schwarz, manchmal mit feinen Mustern. Die Flächen sind glatt, als wenn sie jemand lange poliert hätte. Nicht selten findet man aber auch Feuersteine mit Flächen, die weißlich aussehen und sich rau anfühlen. Wer geschickt ist, kann sogar einige Funken hervorbringen, wenn er zwei Feuersteine kräftig aneinander schlägt.

Die Feuersteine findet ihr häufig in den Landschaften Norddeutschlands, die man als Geest bezeichnet. Sie liegen dort am Wege, auf den Feldern oder bei den Bauernhäusern. Manchmal liegen am Rande eines Ackers oder bei der Gabelung eines Weges auch große Steinhaufen, in denen ihr Feuersteine finden könnt. Diese „Lesesteine" hat der Bauer auf seinem Acker aufgelesen, da sie beim Pflügen und bei den sonstigen Feldarbeiten hinderlich sind.

Wie sind denn die Feuersteine auf die Felder und Wege gelangt, werdet ihr sicherlich fragen? Das ist eine lange und schwierige Geschichte. Früher dachten die Bauern, dass die vielen Steine, die sie auf den Äckern fanden, aus der Erde herausgewachsen seien, so ähnlich, wie auch das Getreide und das Unkraut aus der Erde wachsen. Andere Bauern meinten, die Steine seien vom Himmel heruntergefallen und fielen auch noch weiter vom Himmel herunter, so ähnlich wie die Sternschnuppen, die ihr sicher schon einmal an einem klaren Abend gesehen habt. Aber das ist nicht richtig.

Vor vielen Millionen Jahren, als es bei uns noch keine Feuersteine gab, da war ein großer Teil der Ostsee mit einem Kreidegebirge bedeckt. Das könnt ihr euch sicherlich gar nicht vorstellen. Aber Reste dieses Kreidegebirges, Hügel und schroffe Klippen, kann man heute noch zum Beispiel auf der deutschen Ostseeinsel Rügen und der dänischen Insel Möen sehen. Sucht sie einmal im Atlas! Auch in Frankreich und in England gibt es Landschaften mit grauweißen Kreidebergen und steilen Kreidefelsen. Früher verwandte man diese Kreide auch in der Schule als Tafelkreide. Und die Feuersteine, werdet ihr fragen, wo kommen die Feuersteine her? Nun, sie stecken in dem Kreidegebirge. Wer heute einmal nach Rügen oder Möen kommt, kann dort noch viele Feuersteine in den Kreidefelsen oder an ihren Füßen finden. Die weißlich-graue Seite an manchen Feuersteinen, von der ihr gelesen habt, ist meist ein letzter Rest dieser Kreide!

Aber wie sind die Feuersteine von der Ostsee zu uns gekommen? Sie können doch nicht laufen. Hat sie vielleicht jemand hergebracht und auf der Geest verteilt? Was meint ihr?

Ihr habt vielleicht schon von der Eiszeit gehört. Norwegen, Schweden und Finnland waren damals mit einer dicken Eisschicht bedeckt. Je dicker diese Eisschichten wurden, desto mehr flossen sie als

„Gletscher" nach Süden ab. Dabei bewegten sie sich auch langsam auf Norddeutschland zu. Aber auf dem Wege dahin stellte sich das Kreidegebirge mit seinen Feuersteinen in den Weg. Die mächtigen Gletscher hobelten das Gebirge langsam ab. Sie zermahlten die Kreide, weil sie weich war. Nur die Feuersteine blieben erhalten, denn sie sind sehr hart. Beides, die zermalene Kreide und die manchmal zerbrochenen Feuersteine schob das Eis bis nach Norddeutschland. Von dem Kreidegebirge ist nur ein kleiner Rest an der Ostsee stehen geblieben.
Als es wärmer wurde und die Gletscher endlich schmolzen, floss das Eiswasser in den Ozean ab. Alles, was die Gletscher aber mitgebracht hatten, ließen sie liegen, also auch die Kreide und die Feuersteine. Die Kreide-Böden sind heute recht fruchtbar. Aber die Feuersteine wirft der Bauer von seinen Äckern herunter. Das ist die wahre Geschichte, wie die Feuersteine zu uns gekommen sind.
Feuersteine haben dennoch für den Menschen eine große Bedeutung gehabt. Vor vielen tausend Jahren, als die ersten Menschen unser Gebiet durchzogen, war der Feuerstein das wichtigste Material für ihre Werkzeuge. Ihr denkt, das sei eine Übertreibung, aber passt auf!
Die Menschen schlugen geschickt Feuersteine aneinander, sodass Funken heraussprangen. Sie entzündeten so trockenes Moos, Gras, Blattwerk oder einen trockenen Pilz, den „Zunderschwamm". Damit wurde Holz angezündet. An dem Feuer wärmte man sich und über dem Feuer röstete man Fleisch. Es gab keine Streichhölzer und kein Feuerzeug. Die Menschen kannten auch noch keine Kohlen.
Und wie bekamen die Menschen damals das Fleisch, das sie auf dem offenen Feuer brieten? Sie hatten zunächst noch keine Haustiere, die sie selbst schlachten konnten. Sie mussten Wild jagen, kleine und große Tiere, auch solche, die schon längst bei uns ausgestorben sind: Nashörner, Mammuts und Rentiere. Die Menschen töteten sie mit einem Faustkeil in der Hand, wenn man sie in einer Grube gefangen oder aus einem Hinterhalt überlistet hatte. Der Faustkeil war oft ein Feuerstein mit einer scharfen Kante oder Spitze. Die Menschen erhielten ihn meist dadurch, dass sie einen großen Feuerstein, der ursprünglich knollenförmig aussah, zerschlugen und dann die geeigneten Stücke aussuchten.
Später bearbeiteten die Menschen die Feuersteine sorgfältig, bis sie lang und spitz waren. Sie verwendeten sie dann als Dolche, Messer, Äxte oder auch als Speerspitzen. So wurden aus den Nahjägern mit den Faustkeilen die Fernjäger mit den Speeren, die ihre Beute sicherlich leichter erlegen konnten als vorher. Weil aber der Stein das wichtigste Werkzeugmaterial für den Menschen war, nennt man die Zeit, in der der Mensch damals lebte, auch Steinzeit. Erst viel später lernte er Geräte aus Bronze und noch später dann aus Eisen herzustellen.
Ihr werdet jetzt denken, dass die Frage, warum wir uns die Hand geben, damit immer noch nicht beantwortet ist. Das ist richtig, aber nun könnt ihr die Antwort besser verstehen. In der frühen Steinzeit trugen die Menschen oft als einzige Waffe einen Faustkeil verborgen in der Hand und es kann vorgekommen sein, dass sie sich sogar gegenseitig überfielen. Wenn man es aber freundlich mit jemandem meinte, gab man ihm die offene Hand als Zeichen, dass kein gefährlicher Stein darin verborgen war…
Ich glaube, dass ihr bei eurer nächsten Wanderung auf die Geest einmal Feuersteine suchen werdet. Und wenn ihr genau aufpasst und Glück habt, findet ihr vielleicht sogar einen bearbeiteten Feuerstein, einen Faustkeil oder eine Speerspitze oder noch etwas anderes aus der Steinzeit, die längst vorbei ist…

Alois Schmidt

Hieran werden sich viele Fragen und Bemerkungen der Kinder anschließen. Der Lehrer notiert die Fragen auf einer Fragetapete, damit sie im Verlauf der Unterrichtssequenz beantwortet werden können. Alle Lernergebnisse werden als Szenen mit Naturmaterialien und Zeichnungen auf einem Fries abgebildet (z. B. ein Steinzeitmensch jagt ein Mammut). Auch die Ergebnisse des individuellen Lernens (Angebotsphase) werden in den Fries eingebracht.
Voraussetzung dafür ist jedoch, dass im Anschluss an die Lehrererzählung ein ausführliches Gespräch über das Leben in der Steinzeit stattgefunden hat und bereits Ideen für den Fries entwickelt wurden.
Danach folgt eine Angebotsphase, in der die Kinder das Thema interessenorientiert und nach individuellen Bedürfnissen und Fähigkeiten bearbeiten.
Zur inhaltlichen Orientierung für die freie Arbeitsphase schlägt der Lehrer mit zwei Feuersteinen (oder ein Feuerstein und ein Granit) Funken und erzählt den Kindern etwas über die Schwierigkeit in der Steinzeit Feuer zu bekommen und Feuer zu erhalten. Die Kinder probieren es ebenfalls aus.

Tipp

Falls der Lehrer Zunder besorgen kann, könnte diese Aktivität auch ein weiteres Lernangebot sein!

Individuell lernen

Nach dieser inhaltlichen Hinführung stellt der Lehrer die Angebote vor, wobei er auch eins (z. B. Angebot 2) zur Pflichtaufgabe erklären kann.

Angebot 1: Ein Werkzeug aus der Steinzeit

Angebot 2: Etwas für Steinzeitforscher
Angebot 3: Ein Wildpferdchen aus Mammut-Elfenbein

In der gemeinsamen Präsentationsphase führen die Kinder ihre Werkzeuge vor, berichten über deren Entwicklung, lesen ihre Beschreibungen vor und erzählen zu ihren Darstellungen auf dem Fries.

Tipp

Wenn im örtlichen Museum steinzeitliche Funde ausgestellt sind, sollte unbedingt ein Unterrichtsgang dorthin unternommen werden. Die Kinder können die Objekte anschauen und von Fachleuten zusätzliche Informationen erhalten – insbesondere über standortbezogene Funde und Ausgrabungen.

3.7 Experimente mit Steinen

❖ Steine untersuchen

Ziele

Durch Wiegen, Zerschlagen, Betrachten mit der Lupe, Bearbeiten mit Werkzeug u. ä. die Merkmale verschiedener Gesteine entdecken; weitere Ideen zum Untersuchen entwickeln, ausprobieren und durch Demonstration, zeichnerisch oder schriftlich dokumentieren; eigenen Hypothesen nachgehen und mit den Versuchsergebnissen vergleichen; kreativ mit den Materialien für die Untersuchungen umgehen; sich für ein Gestein entscheiden, so viel wie möglich darüber herausfinden und die Arbeitsergebnisse in Zusammenarbeit mit anderen vortragen

Material

Steinsammlung (vorwiegend bereits identifizierte Steine wie Bimsstein, Speckstein, Granit, Basalt, Feuerstein, Schiefer, Kalkstein, Marmor, Gips), Waagen, Hämmer, Zangen, Feilen, Messer, Sandpapier, Tapetenrolle (Ideenrolle), zu Versuchen anregende Materialien (z. B. Kerze, Streichhölzer, Wasser, Essigessenz, Schraubdeckelgefäße, Plastikgefäße, Etiketten zum Aufkleben für Langzeitversuche, …)

Gemeinsam lernen

In der Mitte des Sitzkreises liegt die Steinsammlung und auf einem Tisch Werkzeuge und anregende Materialien, die kindgemäßes Untersuchen unterstützen.
Zunächst versuchen die Kinder so viele Steine wie möglich zu identifizieren und so ihr bereits erworbenes Wissen zu wiederholen. Dies ist die Voraussetzung dafür sich in dieser Unterrichtssequenz für einen Stein entscheiden zu können, über den man so viel wie möglich herausfinden soll. Was man alles mit dem Stein machen kann, wird im Kreisgespräch gesammelt. Der Lehrer schreibt die Ideen auf die Ideenrolle (Tapetenrolle). Dabei ergänzt er die Sammlung durch Impulse und Fragestellungen:
Was passiert wohl, wenn man Steine ins Wasser legt und dann alles gefrieren lässt?
Ob man Steine auch im Klassenzimmer verwittern lassen kann?
Verändern sich Steine, wenn man sie in Säure legt?
…
Der Lehrer bestärkt die Kinder darin ihren eigenen Ideen nachzugehen und eine jeweils geeignete Dokumentationsform zu wählen: Versuch vorführen, Vorher-Nachher-Demonstration, Zeichnung, Beschreibung, …
Die Kinder sollten sowohl ihre vorherigen Vermutungen als auch die tatsächlichen Versuchsergebnisse notieren.

Dieses intensive Vorgespräch befähigt die Kinder sich kompetent für ein Angebot und entsprechende Aktivitäten entscheiden zu können (Achtung: Warnhinweise zum Umgang mit Essigessenz nicht vergessen!).

Individuell lernen

Angebot 1, 2, 3, 4, … unterscheiden sich nur durch das jeweils zu untersuchende Gestein. Die Ausführung und den Schwierigkeitsgrad bestimmt jedes Kind selbst.

Steine untersuchen

Finde über deinen Stein so viel wie möglich heraus.
Du kannst Ideen von unserer Ideenrolle übernehmen.
Schön, wenn du noch eigene Ideen hast.
Überlege, wie du deine Arbeit vorstellen willst.

Da dieser Text für alle Steinuntersucher gilt, schreibt der Lehrer ihn an die Tafel. Um eine Verbindlichkeit für alle Kinder herzustellen und dem Entscheidungsprozess möglicherweise nachzuhelfen kann man auch für jedes Gestein ein Aufgabenblatt an die Tafel hängen, auf dem sich die Kinder eintragen. Diese Vorgehensweise erleichtert auch die anschließende Präsentationsphase.

Tipps und Anregungen

Für die Aktivitätsphase gibt der Lehrer eine konkrete Zeit vor. Das Ausführen der Versuche und das Ansetzen von Langzeitversuchen sowie die Dokumentation können bis zu einer Unterrichtsstunde dauern.
Der Lehrer kündigt das Ende der Aktivitätsphase rechtzeitig an und legt auch die Reihenfolge der Präsentation fest. Kinder, die den gleichen Stein gewählt haben, versammeln sich an einem „Vortragstisch“, der besonders gekennzeichnet ist.
Nun trägt jede Gruppe vor. Es gilt die Regel, dass jedes Kind ein Ergebnis seiner Wahl vorstellt. Sind andere Kinder zu einem anderen Ergebnis gekommen, dürfen sie Einspruch erheben. Im Zweifelsfall wird das Ergebnis noch einmal überprüft.
Der Lehrer kann sich aus Zeitgründen auch dafür entscheiden jede Gruppe nur drei Ergebnisse vortragen zu lassen und die übrigen auf einem Ausstellungstisch mit Stellkärtchen präsentieren zu lassen.

❖ Steine – steinhart?

Ziele

Die Annahme, dass alle Steine „steinhart“ sind, durch Versuche überprüfen und durch entsprechende Informationen ergänzen; eine dem kindlichen Entwicklungsstand angemessene Härteskala erstellen; wissen, dass unterschiedliche Härtegrade der Steine auch unterschiedliche Nutzungsweisen bedeuten; Überprüfungsmethoden kennen lernen und ausprobieren; die Ergebnisse auf unterschiedliche Art und Weise dokumentieren; Zusatzangebote annehmen und Interesse für weitere Eigenschaften von Steinen entwickeln

Material

Steine der Steinsammlung, Lupen, Zeitungspapier, Hämmer, Kupfermünzen, Messer, Stahlfeilen, Kochsalz, Alaun, flache Schälchen, Becher, Marmeladen- und Gurkengläser, Aufgabenblätter

Gemeinsam lernen

Die inhaltliche Orientierung innerhalb dieser Unterrichtssequenz kann der Lehrer z. B. mit der Frage einleiten: Ob wohl alle Steine gleich steinhart sind? Die Kinder äußern Vermutungen oder bringen ihr Vorwissen zu bestimmten Steinen ein. Sie begründen ihre Meinung, nehmen den einen oder anderen Stein vom in der Mitte stehenden Steinetisch und demonstrieren ihre Vermutung, indem sie vielleicht Steine aneinander reiben oder einen Stein mit einem anderen zu zertrümmern versuchen. Der Lehrer überlegt mit den Kindern, wie man die unterschiedliche Härte überprüfen könnte. Die Vorschläge werden an der Tafel fixiert und vom Lehrer entsprechend ergänzt.

Individuell lernen

Angebot 1: Überprüfe den Härtegrad von Steinen und ordne sie der Härte nach. Stelle ein Schild mit Symbol dazu.
Benutze dafür die Abbildungen vom Aufgabenblatt oder zeichne das Werkzeug, mit dem du geprüft hast.

27

Angebot 2: Überprüfe den Härtegrad von Steinen. Trage deine Ergebnisse in eine Tabelle ein. Du kannst dafür die Abbildungen vom Aufgabenblatt benutzen.
Ein Wissenschaftler mit Namen Mohs hat vor ca. 170 Jahren auch eine Härteskala aufgestellt. Sie heißt Mohs'sche Härteskala.
Gib deiner Tabelle auch einen Namen und hänge sie an die Tafel.

Lies die „Wusstest-du-schon-Informationen" durch und erzähle uns, welche Information für dich am Interessantesten ist.

Gibt es Kinder, die sich auf die Härteuntersuchungen nicht einlassen möchten, so eröffnet der Lehrer ihnen drei weitere Angebote, die ansonsten auch Zusatzangebote sein können.

Angebot 3: Kristalle aus Kochsalz

Angebot 4: Was Steine alles können

Fülle ein größeres Glas halb voll Wasser.
Lege drei Steine in das Glas. Was passiert mit dem Wasser?
Wie viele Steine musst du noch hineinlegen, bis der Wasserspiegel bis an den Rand steigt?
Achtung: Das Wasser soll nicht überlaufen!

Angebot 5: Steine schätzen

Fülle einige verschieden große Gläser mit Kieselsteinen.
Lass andere Kinder schätzen, wie viele Steine in jedem Glas sind, und schreib es mit den Namen der Kinder auf.
Jeder überprüft nun seine Schätzung.
Berichte, wie es die einzelnen Kinder machen.

Tipp Zu Angebot 4 siehe auch S. 69.

3.8 Stein-Wörter

Kinder sammeln gern und können dies auch mit Wörtern zum Thema tun. Damit werden ein Wortschatz erarbeitet sowie bewussteres Lesen und ein sorgfältigerer Sprachgebrauch gefördert. Die Aktivitäten dazu sind:

Ziele Stein-Wörter sammeln und aufschreiben; Eigenschaften von Steinen benennen; Eigen- und Ortsnamen sowie Sprichwörter und Redewendungen zum Thema ausfindig machen; ein Stein-Alphabet aufschreiben

Material Schreib- und Malutensilien, Aufgabenblätter, Kärtchen zum Beschriften, Steine, Telefonbücher, Postleitzahlenbücher

❖ Stein-Wörter sammeln

Gemeinsam lernen Diese Unterrichtssequenz verdeutlicht den Kindern besonders den Facettenreichtum der Sprache.
Unter der Überschrift „Stein-Wörter" nennen die Kinder passende Wörter, die an der Tafel oder auf einer Tapete fixiert werden. Aus der sich anschließenden Angebotsphase ergeben sich mögliche Ordnungen für diese Wortsammlung:

Individuell lernen

Angebot 1: Schreibe Wörter auf, die zum Wortfeld „Stein" gehören.

Angebot 2: Schreibe Wörter auf, die zur Wortfamilie „Stein" gehören.

Angebot 3: Schreibe auf, was man alles mit Steinen machen kann. Notiere nur Tunwörter (Verben).

Die Ergebnisse der Angebotsphase sollten gesammelt und auf drei große Poster geschrieben werden.

Für einen gemeinsamen Abschluss kann man das Aufgabenblatt 29 nutzen. Die Kinder erkennen, dass es zu dieser Thematik vorwiegend Nomen, einige Adjektive und sehr wenig Verben gibt.
Ebenso bietet sich als abschließende gemeinsame Lernphase das Anfertigen von Lesesteinen an. Anregungen dafür finden sich auf dem Aufgabenblatt 30 sowie in Kapitel 3.2.

❖ Steine und ihre Eigenschaften

Steine gibt es in vielfältiger Farbe, Form, Oberfläche und Struktur. Diese Merkmale lassen sich durch Eigenschaftswörter beschreiben.

Gemeinsam lernen

Jedes Kind bringt aus der Steinsammlung einen Stein mit in den Sitzkreis und muss mindestens zwei Merkmale nennen. Dabei sollte die Bedeutung des Fühlens und Sehens herausgearbeitet werden. Auch können je zwei Kinder ihre Steine vergleichen (Dieser Stein ist schwerer, rauer, bunter, …). Sie lernen auf diese Weise, dass sich Adjektive steigern lassen.

31

Vor der Angebotsphase wird das Aufgabenblatt besprochen und von allen Kindern bearbeitet.

Individuell lernen

Angebot 1: Nimm dir zehn Merkmalskärtchen und ordne ihnen die passenden Steine zu.

Angebot 2: Lege Steinreihen zu verschiedenen Merkmalen (z. B. eine Reihe runde Steine, eine Reihe grünliche Steine, …) und lass andere Kinder das Merkmal jeder Reihe raten.

Angebot 3: Dein Lieblingsstein liegt zwischen acht anderen Steinen auf dem Tisch.
Beschreibe ihn und lass deinen Partner raten, welcher er ist.

Angebot 4: Male deinen Lieblingsstein.
Vielleicht helfen dir die passenden Merkmalskarten dabei.

Tipps und Anregungen

Zu Angebot 4 gibt es Anregungen auf S. 30 f..
Die Gedichte „Der Stein“ von Georg Bydlinski (S. 66), „Der Stein“ von Ingeborg Propson und Brigitte Schulze (S. 67) sowie „Die Kiesel“ von Josef Guggenmos (S. 59) können in diesem Zusammenhang herangezogen werden.

❖ Steine in Namen

„Steine“ sind Bestandteil vieler Eigen- und Ortsnamen. In Telefon- und Postleitzahlenbüchern können die Kinder hier fündig werden, wobei durchaus auch die Besonderheiten und Nutzungsmöglichkeiten dieser Informationsquellen thematisiert werden sollten. Wichtig ist auch die Erkenntnis, dass man in beiden Büchern nur die Eigen- und Ortsnamen leicht findet, bei denen der Wortbestandteil „Stein“ am Anfang steht. Ortsnamen wie Warstein oder Königstein können somit nur aus persönlichen Kenntnissen beigesteuert werden.

Gemeinsam lernen

Der an der Tafel notierte Satz „Inge Steinmann wohnt in der Steinfelder Str. 3 in Königstein.“ führt zur Thematik und wird die Kinder zur Nennung weiterer Beispiele motivieren, die sie an die Tafel schreiben können.

Individuell lernen

Angebot 1: Suche aus dem Postleitzahlenbuch Ortsnamen heraus, die mit „Stein-“ beginnen.
Gibt es einen Ort in der Nähe?

Angebot 2: Sieh im Telefonbuch nach, ob dort der Nachname „Stein“ vorkommt. Wie viele Eintragungen gibt es?
Schreibe auch Namen heraus, die mit der Silbe „Stein-“ beginnen (z. B. Steinhaus).

Tipp

Der Ort Idar-Oberstein sollte unbedingt erwähnt und sein Bezug zum Thema vom Lehrer erläutert werden.

❖ Steine in Sprichwörtern und Redewendungen

In zahlreichen Sprichwörtern und Redewendungen spielen Steine eine Rolle. Sie stehen oft für Härte und Unüberwindlichkeit. Die Kinder erfahren in dieser Unterrichtssequenz etwas über die Bildhaftigkeit von Sprache („in Bildern sprechen“). Bei Sprichwörtern kann man den Sinn hinterfragen, bei Redewendungen die Herkunft klären.

Gemeinsam lernen

Eine der bekanntesten Redensarten im Zusammenhang mit Steinen ist „Mir fällt ein Stein vom Herzen“. Sie ist auch Kindern geläufig. In einer Pantomime stellt der Lehrer diese Redensart dar. Die Kinder raten. Im Gespräch wird nun erläutert, wann und in welchen Situationen diese Redewendung gebraucht wird.
Auf vorbereiteten Kärtchen stehen weitere Beispiele, z. B.:

steinreich sein

steinalt sein

steinhart sein

versteinert sein

mit versteinerter Miene

den Stein ins Rollen bringen

jemandem Steine in den Weg legen

einen Stein im Brett haben

Stein und Bein schwören

wie ein Tropfen auf den heißen Stein

Da beiß ich auf Granit.

Steter Tropfen höhlt den Stein.

Wer im Glashaus sitzt, soll nicht mit Steinen werfen.

Ein Kind zieht ein Kärtchen und kann entweder spontan vorspielen oder es liest vor und die Bedeutung wird vor der Darstellung im Gespräch mit allen Kindern geklärt. Die Kinder erfahren so, dass hinter den Wörtern mehr steckt als der vordergründige Sinn: Mehrdeutigkeiten und Metaphern.

Individuell lernen

Angebot 1: Zieh dir ein Kärtchen und spiel deinem Partner vor, was draufsteht.

Angebot 2: Zieh dir ein Kärtchen und male, was draufsteht.
Lass andere Kinder raten, was du gemalt hast.

Angebot 3: Kennst du noch andere Redewendungen und Sprichwörter?
Such dir einen Partner.
Befragt andere Leute und macht euch Notizen.

Tipps und Anregungen

Das Kapitel „Steine, Erde und Himmel" aus dem Buch von Hans Manz (siehe Literaturliste) ist eine Fundgrube zum Thema.
Herkunft und Ursprung von Sprichwörtern und Redewendungen können in einem Sprichwörter-Lexikon nachgeschlagen werden, worauf man die Kinder hinweisen oder in dem man sie auch tatsächlich selbst nachschlagen lassen kann.
In diesen thematischen Zusammenhang sollte das folgende Lied integriert werden:

Steter Tropfen höhlt den Stein

Text: Deutsches Sprichwort
Rhythmisches Sprechspiel: Karl Foltz

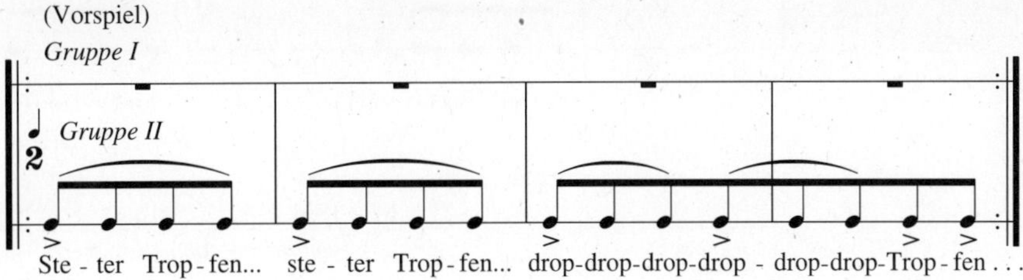

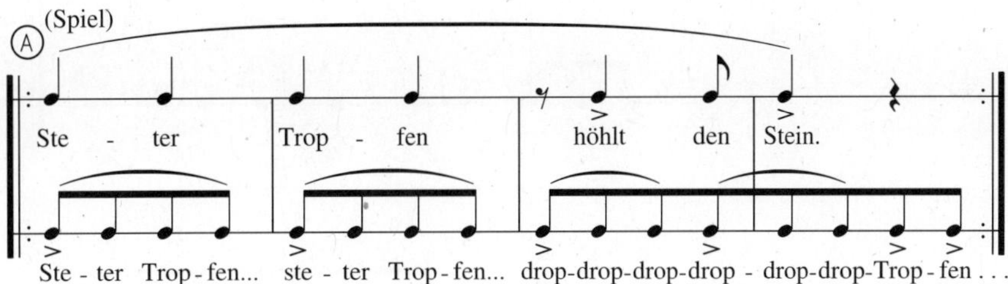

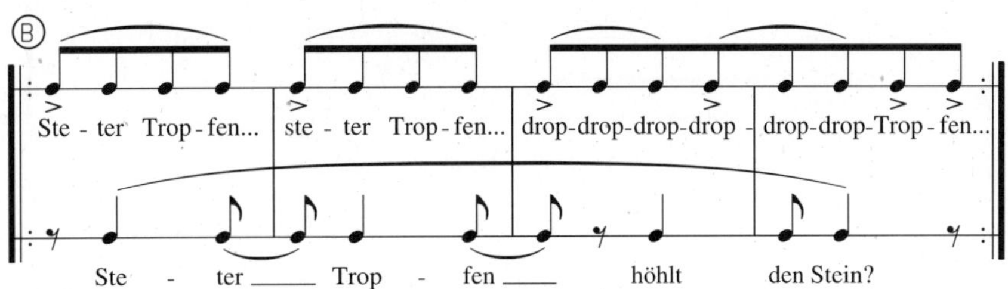

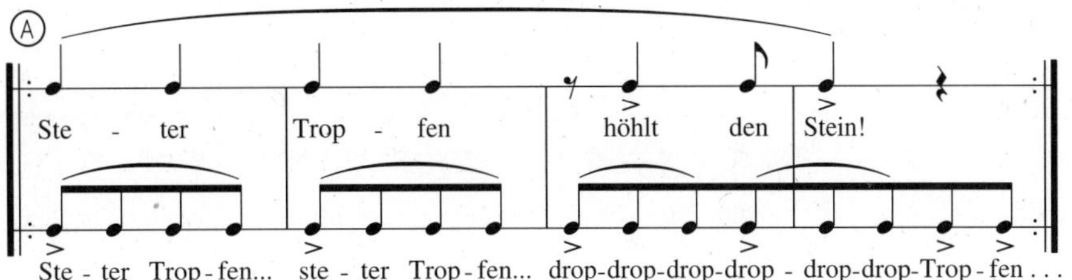

C
Ste - ter Trop - fen... ste - ter Trop - fen...
drop-drop-drop-drop - drop-drop-Trop - fen . . .,
D
ste - ter... Trop - fen... drop-drop-drop-drop - drop-drop-Trop-fen.
(hervor:)
ste - ter... Trop - fen... höhlt,
(folgt Kasten 1 bzw. Kasten 2)
E
1.
ste - ter Trop-fen höhlt, ste - ter Trop-fen höhlt ste - ter
ste - ter Trop-fen höhlt, ste - ter Trop-fen höhlt, ste - ter
ri - tar - dan - do
F
(noch Kasten 1.)
(vom vorne - ohne Vorspiel)
2.
Trop - fen höhlt, höhlt, höhlt, höhlt, höhlt.
Trop - fen höhlt, höhlt, höhlt, höhlt, drop-drop-drop-
G (unisono)
drop-drop-drop - drop-drop-Trop - fen: Ste - ter Trop - fen
drop-drop-Trop - fen höhlt: Ste - ter Trop - fen
(steigern)
H (aufs energischste!)
höhlt den Stein, den Stein, den Stein: Ste - ter Trop-fen höhlt den Stein!
höhlt den Stein, den Stein, den Stein: Ste - ter Trop-fen höhlt den Stein!

Die musikalische Umsetzung eines Sprichwortes verstärkt durch Lautmalerei und Wiederholungen die Aussage.
In Eigenkomposition kann das Sprichwort von den Kindern in einzelne Worte und Fragmente zerlegt und nach Lust und Laune als Sprechgesang zusammengesetzt werden. Auf diese Weise entstehen improvisatorische Wortrhythmen, wie z. B.: Steter Tropfen hööööööhlt ----------- den Stein o. Ä. Dazu können wiederum andere Kinder Tropfengeräusche komponieren. Eine Kassettenaufnahme demonstriert die Wertschätzung dieser Arbeit und hat gleichzeitig Dokumentationscharakter.

❖ **Stein-Alphabet**

Gemeinsam lernen

Die Möglichkeit des Sammelns von Stein-Wörtern sollte für die gesamte Dauer des Unterrichtsvorhabens gegeben sein. Sie stehen gut sichtbar auf Postern oder Tapetenbahnen. Durch das ständige Anwachsen des Wortschatzes ist so auch optisch das Lernergebnis erfahrbar.
Neben Sachgruppen, Wortarten u. Ä. kann auch das Alphabet ein Ordnungskriterium sein:

Individuell lernen

Angebot 1: Löse Aufgabe 1 auf dem Aufgabenblatt.

Angebot 2: Löse Aufgabe 2 auf dem Aufgabenblatt.

3.9 Steine in Texten und Liedern

Der Charakter der Steine ist schon oft und seit langer Zeit literarisches Thema gewesen, wobei sich der inhaltliche Bogen von der archaischen Bedeutung über den Kultgegenstand bis zum Arbeitsmaterial spannt.
Somit können Kinder auch durch die Auseinandersetzung mit Literatur etwas über das Wesen der Steine erfahren.
Da in diesem didaktischen Baustein jedem Lernangebot ein zu lesender Text zu Grunde liegt, finden die Lernprozesse fast ausschließlich auf der formal-symbolischen Ebene statt.

Ziele

Für unterschiedliche Einsatzmöglichkeiten von Sprache sensibel werden; verschiedene literarische Formen (auch Auszüge aus der Kinderliteratur) und Stilmittel kennen lernen; Inhalte erfassen und nachvollziehen; Kenntnisse über Steine und ihre Bedeutung für Menschen erwerben; Texte lesen und sich mit Fragen zum Text auseinander setzen; Textteile zusammenfügen; Texte vervollständigen; eigene Geschichten schreiben; Erlebnisse schildern; zu Bildern schreiben; Texte szenisch umsetzen; Texte vortragen; Lieder singen, begleiten und gestalterisch umsetzen

Material

angegebene Texte und Lieder, Steine, Mal- und Bastelutensilien, Requisiten für die szenische Umsetzung, Nachschlagewerke und Sachbücher zum Thema, Musikinstrumente

❖ **„Der Stein“**

Mit trockenem Humor versteht es der Dichter die Entwicklung des „falschen“ Selbstbewusstseins eines kleinen Steines darzustellen:

Der Stein

Ein kleines Steinchen rollte munter
Von einem hohen Berg herunter.

Und als es durch den Schnee so rollte,
Ward es viel größer als es wollte.

Da sprach der Stein mit stolzer Miene:
„Jetzt bin ich eine Schneelawine.“

Er riss im Rollen noch ein Haus
Und sieben große Bäume aus.

Dann rollte er ins Meer hinein,
Und dort versank der kleine Stein.

Joachim Ringelnatz

Gemeinsam lernen

Der Lehrer präsentiert das Gedicht, indem er Folienstreifen mit den einzelnen Versen in der falschen Reihenfolge auf den Projektor legt. Die Kinder ordnen die Teile und erforschen im Unterrichtsgespräch den Sinngehalt des Gedichts. Anschließend schreiben sie es vollständig ab.
Neben dem Sinngehalt erfahren die Kinder auch etwas über Sprachstruktur und die Anwendung von Grammatik: Beim Zusammensetzen der Textteile wird das sinnvolle Funktionieren von Sprache nachvollziehbar; Wörter beziehen sich aufeinander. Die Kinder erkennen u. a. den Bezug zwischen „das Steinchen“ und „es“ einerseits und „der Stein“ und „er“ andererseits.
Wenn die Kinder die Teile des Gedichtes geordnet haben, werden sie seine Qualitäten bemerken. Reimablauf und lakonischer Witz regen zum Vortragen an. Durch humorvolle Körpergesten wird der Vortrag verstärkt und Eintönigkeit vermieden. Lernziel soll vor allem das Verstehen und Vortragen eines Textes sein, wobei die Angebotsphase ausschließlich dem inhaltlichen Verständnis dient.

Individuell lernen

Angebot 1: „Kleiner Stein – große Wirkung“
Schreibe auf, was damit gemeint sein könnte.

Angebot 2: Stichwort „Lawine“
Schau im Lexikon nach, was unter dem Stichwort „Lawine“ steht. Notiere, welche Arten von Lawinen es gibt und wie sie jeweils entstehen können.

Tipp

Die Kinder können beim Abschreiben mit ihrer Schrift gestalten, indem sie jeden Vers größer schreiben und sich für die letzte Zeile etwas Besonderes ausdenken.

❖ Fliegende Steine

Gemeinsam lernen

Bevor der Lehrer das Gedicht vorträgt, legt er einige Kiesel in die Sitzkreismitte.

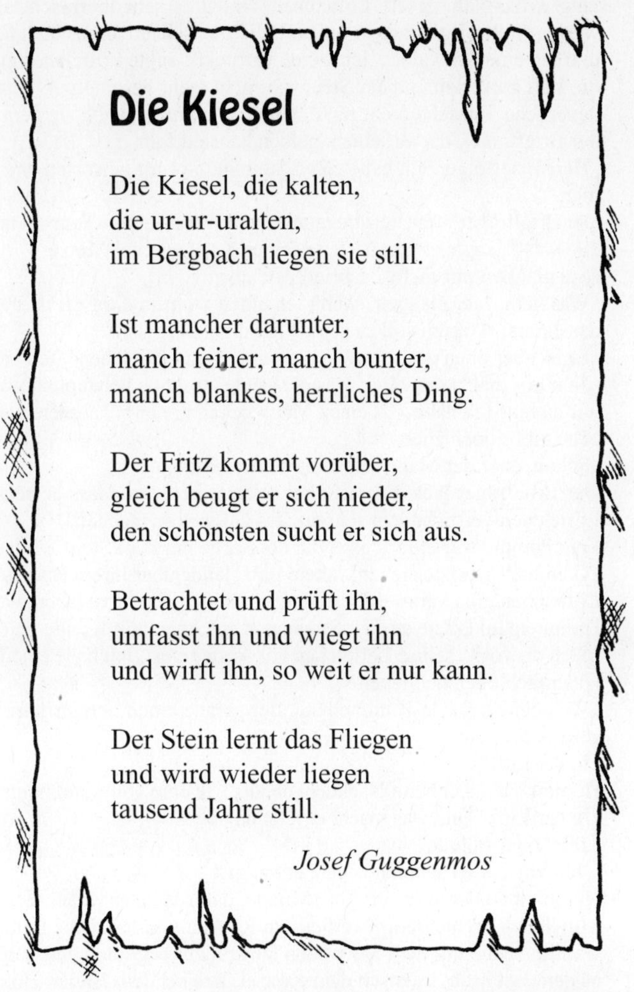

Die Kiesel

Die Kiesel, die kalten,
die ur-ur-uralten,
im Bergbach liegen sie still.

Ist mancher darunter,
manch feiner, manch bunter,
manch blankes, herrliches Ding.

Der Fritz kommt vorüber,
gleich beugt er sich nieder,
den schönsten sucht er sich aus.

Betrachtet und prüft ihn,
umfasst ihn und wiegt ihn
und wirft ihn, so weit er nur kann.

Der Stein lernt das Fliegen
und wird wieder liegen
tausend Jahre still.

Josef Guggenmos

Die Kinder berichten spontan über ihre eigenen Erfahrungen beim Finden von Steinen. Anschließend sucht sich jedes Kind aus der Steinsammlung den Stein aus, der in dem Gedicht gemeint sein könnte, und begründet seine Wahl (im Gedicht genannte Merkmale!). Das Gedicht wird von einigen Kindern noch einmal vorgelesen, bevor die Angebotsphase beginnt.

Individuell lernen

Angebot 1: Such dir Partner und für jeden einen Kieselstein.
Spielt euch gegenseitig vor, was der Fritz mit dem Kieselstein macht.

Angebot 2: Schreibe eine Geschichte:
Wie der Kiesel in den Bergbach kam
oder:
Wo der Kiesel landet

Angebot 3: Lies die Geschichte „Der Stein im Himmel" von Herbert Heckmann.
Schreibe anschließend etwas zu einer dieser Fragen:
Was ist mit dem Stein, der nicht zurückkehrte, passiert?
Erlebst du auch manchmal etwas, das dir nicht geglaubt wird?

Der Stein im Himmel

Ein Stein, den man in die Luft wirft, kommt eigentlich immer wieder auf die Erde zurück. So verlangt es das Naturgesetz. Löffelchen war jedoch sehr überrascht, als der Stein, den er über einen Baum werfen wollte, irgendwo in der Luft blieb. Er schaute blinzelnd in den Himmel, der schlierig blau war, und sah eine Schwalbe. „Ich werde verrückt", sagte Löffelchen zu sich selbst. Er hatte einen Stein in die Luft geworfen und der Stein war nicht mehr heruntergekommen. Löffelchen konnte diese ungeheuerliche Tatsache nicht für sich behalten und erzählte sie dem ersten, der ihm begegnete. Es war der Briefträger, der auf einem gelben Fahrrad fuhr.
„Herr Briefträger, ich habe einen Stein in die Luft geworfen und der ist nicht mehr heruntergekommen."
Der Briefträger bremste, stieg umständlich von seinem Fahrrad und starrte Löffelchen ungläubig an.
„So was!", sagte er und befreite seinen Kopf von der Mütze.
„Sie glauben mir nicht", schrie Löffelchen.
„Was heißt hier glauben! Wenn ich einen Stein in die Luft werfe, kommt er wieder herunter. So ist das einmal. Warum soll es gerade bei dir anders sein?"
„Er ist aber oben geblieben", verteidigte sich Löffelchen. „Ich habe doch Augen im Kopf."
„Nun hör mal, wenn alles, was die Leute zu sehen behaupten, wirklich existieren würde, wo kämen wir da hin! Ich habe mal einen Mann gekannt, der behauptete weiße Mäuse zu sehen."
„Die gibt's doch auch."
„Schon, aber der Mann sah sie in seinem Bierglas."
Der Briefträger lachte derart über seine Geschichte, dass er beinahe gegen das Rad gefallen wäre. Löffelchen versuchte ein sehr ernstes Gesicht zu machen.
Frau Pomme war die nächste, die die Sache mit dem Stein erfuhr, der in der Luft blieb.
„Ojemine", seufzte sie und faltete ihre Hände über ihrem Bauch. „Du lügst."
Löffelchen ging verzweifelt weiter. Es ist nicht leicht zu leben, wenn keiner einem Glauben schenkt.
Hummelpaul kniete auf der Straße und zeichnete mit Kreide einen dicken Mann auf den Asphalt.
„Stell dir vor!", schrie Löffelchen vor Aufregung. „Ich habe einen Stein in die Luft geworfen und der ist einfach oben geblieben."
„Wo oben?", fragte Hummelpaul, der gerade einen Schnurrbart in das Gesicht des dicken Mannes zeichnete.
„In der Luft."
Hummelpaul sah beim Nachdenken aus wie eine vom Laufen erschöpfte Schildkröte.
„In der Luft? Und was macht er jetzt da oben?"
Löffelchen stöhnte.
„Was wird er da schon machen, er hängt."
Hummelpaul wartete eine gute Minute, dann sagte er verächtlich: „Du bist ein elender Angeber."
Löffelchen drehte dem Zweifler den Rücken und hätte vor Enttäuschung fast geweint. Aber damit war die Sache mit dem Stein noch lange nicht begraben und vergessen, denn Hummelpaul erzählte es dem Lulatsch, Lulatsch dem Kreisel, Kreisel dem Boller, Boller dem Heini, Heini dem Ulli und so weiter und am nächsten Tag wusste so ziemlich jeder auf dieser Welt, dass Löffelchen Steine in die Luft werfen konnte, die ganz einfach oben blieben.
„Da lachen ja die Hühner", sagte Zahnlückenpit. „Das muss ich gesehen haben."
In der großen Pause trat er auf Löffelchen zu, der gerade sein Schulbrot aß.
„Du hast da verkündet, man kann schon sagen, herumposaunt, du könntest Steine in die Luft werfen, die oben bleiben. Wie ist das?", begann Zahnlückenpit.
„Ja, das ist mir einmal passiert", erwiderte Löffelchen kauend.
„So!", triumphierte Zahnlückenpit und reichte Löffelchen einen Stein. „Versuch's doch noch mal!"
Löffelchen betrachtete den Stein, der die Größe eines Hühnereis hatte. Es war ein völlig normaler Stein, ein bisschen Dreck und sonst Stein. Löffelchen zögerte, als er aber die misstrauischen Blicke seiner Freunde und Feinde sah, die in einem Halbkreis vor ihm standen, griff er nach dem Stein und schleuderte ihn, so fest er konnte, in die Höhe und flüsterte, sodass keiner ihn verstehen konnte: „O bleib doch oben!"
Alle verrenkten ihre Hälse beim In-die-Luft-Gucken. Der Stein wurde kleiner und kleiner, dann wieder größer und größer. Später klirrte es.
Zahnlückenpit lachte schadenfroh und ein Lehrer schrie: „Wer ist das gewesen?"
Löffelchen wackelte vor Aufregung mit seinen Ohren.
„Der andere ist ganz bestimmt oben geblieben", stammelte er.
„Und jetzt sitzt ein Vogel drauf", höhnte Zahnlückenpit.
Aber Löffelchen gab noch nicht auf.
„Es könnte ja sein, dass ein einziges Mal ein Stein oben bleibt."
Auf die Wiederholung dieses Naturwunders wartet Löffelchen heute noch.
Die Rechnung für eine neue Fensterscheibe erhielt Löffelchens Vater pünktlich drei Tage nach der Steinprobe. Wo aber war der erste Stein?

Herbert Heckmann

Tipps und Anregungen

Die Geschichte von Herbert Heckmann eignet sich sehr gut für ein Szenisches Spiel, das man bei einem Stein-Fest aufführen kann (siehe hierzu S. 73 f.).
Für eine ähnliche Weiterführung bietet sich auch das thematisch passende Lied „Der Stein“ von Fredrik Vahle an, in dem ein Stein seine Überlegenheit auf Grund seines Beharrungsvermögens aufzeigt: Hektik und ständige Veränderungen sind ihm – bis auf wenige Ausnahmen – fremd:

Der Stein

Text und Melodie: Fredrik Vahle

Das Lied könnte in ein Kreisspiel mit Gesang umgesetzt werden:
Ein Kind spielt den Stein und hockt in der Mitte des Kreises. Die anderen Kinder laufen oder hetzen um ihn herum. Bei der entsprechenden Textstelle holpern und stolpern einzelne Kinder über den Stein in der Mitte. Diese Kinder gehen zurück in den Kreis, wenn der kleine Matthias Speck kommt und den Stein wegwirft. Der Stein – das Kind aus der Mitte – landet dann bei einem anderen Kind im Kreis, das im nächsten Durchgang den Stein spielen darf.
Das Lied ist zu finden auf: „Gehupft wie gesprungen“ (CD 3-491-88693-7, MC 3-491-87430-0), Patmos Verlag.

❖ Steinwürfe und ihre Folgen

In den beiden Gedichten wird mit unterschiedlichen Mitteln gezeigt, welche Folgen unüberlegtes Handeln hat. In einem Gedichtvergleich sollen die Kinder dies erkennen. Dabei werden Begriffe hinterfragt und Vorgänge aus verschiedenen Sichtweisen geschildert. Zugleich handelt es sich um einen Exkurs über Interpretationen: Die Wahrheit ist immer subjektiv.

Humorlos

Die Jungen
werfen
zum Spaß
mit Steinen
nach Fröschen.
Die Frösche
sterben
im Ernst.

Erich Fried

Ein Riese warf einen Stein

Ein Riese
warf einen Stein.
Gänge und viele Zimmer stürzten ein.
Hunderte brachen ein Bein.
Zwei Dutzend brachen das Genick.
Andere hatten Glück.

Der Stein
hatte wie eine Bombe eingeschlagen.
Zusammengebrochen
ist das Werk vieler Wochen.
Doch schon rennen Tausende herbei.
Tote werden weggetragen.
Man zieht, man zerrt, schleppt Trümmer,
baut neu:
neue Gänge,
neue Zimmer.

Doch im Getümmel
hört man da und dort einen sagen:
Solch ein Lümmel!
Wer war der Verbrecher?
Wer?
Ein Junge.
Was dachte sich der?
Nicht viel.
Er warf nur zum Spiel
den Stein
auf den Ameisenhaufen.

Josef Guggenmos

Gemeinsam lernen

Der Lehrer präsentiert das Gedicht von Erich Fried an der Tafel oder über den Projektor. Ein Kind liest laut vor. Die Kinder äußern sich spontan.
Nun trägt der Lehrer das Gedicht von Josef Guggenmos vor. Im Unterrichtsgespräch werden erste Vergleiche angestellt und die Angebotsphase eingeleitet.

Individuell lernen

Angebot 1: Lies das Gedicht von Josef Guggenmos. Schreibe auf, wie die Ameisen und wie der Junge den Steinwurf erleben.

Angebot 2: Das Gedicht von Josef Guggenmos hat drei Absätze. Such dir zwei Partner und teilt euch das Gedicht auf.
Lest es so vor, dass die Zuhörer verstehen, um was es dabei geht.
Ihr könnt die Absätze auch auswendig lernen und mit begleitenden Gesten vortragen.

Angebot 3: „Hier hört der Spaß auf" ist eine Redewendung.
Schreibe Beispiele auf, für die diese Redewendung zutrifft.
Welche Folgen hat unbedachtes Handeln?

Angebot 4: Vergleiche beide Gedichte:
Wodurch unterscheiden sie sich? Schreibe auf.

Tipp

Die Kinder sollten von Tierbeobachtungen – möglichst der hier genannten Tiere – berichten dürfen.

❖ Geheimnis im Stein

In der Geschichte werden hoch gesteckte Erwartungen zunichte gemacht; kindliches Wunschdenken wird mit der Realität konfrontiert:

Der Stein

Beim Sonntagsspaziergang im Wald hatte Stefan den Stein gefunden. Er war schwärzlichgrau. Die Oberfläche hatte nicht den kleinsten Riss, nicht einmal winzige Löcher, wie das bei Steinen oft vorkommt. Er sah aus wie poliert. Stefan trennte sich nicht mehr von seinem Stein, seit er ihn gefunden hatte. Er trug ihn in seiner linken Faust. Die Fingerspitzen berührten über dem Stein gerade eben den Handballen. Der Stein passte in seine Hand, als wäre er darin gewachsen.
Sie fragten ständig, wenn sie seine Faust sahen: „Was schleppst du denn da mit dir herum?" Als er ihnen wieder und wieder stolz denselben Stein zeigte, schüttelten sie den Kopf und sagten: „Du betust dich mit deinem blöden Stein, als wär's ein Edelstein."
Für Stefan war sein Stein ein Edelstein. Es störte ihn nicht, dass sie bald gar nichts mehr sagten, sondern nur stumm den Kopf schüttelten, wenn sie ihn mit seinem Stein in der Hand kommen sahen.
Stefan malte sich oft aus, wie wertvoll sein Stein war. Irgendwann würde jemand kommen und ihn „mit Gold aufwiegen". So hatte er das einmal sagen hören. Und er stellte sich das sehr schön vor: Auf der einen Waagschale lag sein Stein, in die andere rieselte, rieselte schimmernder Goldstaub, bis beide Waagschalen gleich standen.
Wenn Stefan allein war, ließ er den Stein von einer Hand in die andere fallen, sang dabei alle Edelsteinnamen, die er jemals gehört hatte: „Dia-mant, To-pas, A-me-thyst, Tür-kis, A-qua-ma-rin, Rubin, Sa-phir, Sma-ragd." Einer der Namen passte zu seinem Stein. Stefan war sich ganz sicher.
Bevor er abends einschlief, hielt er den Stein in seinen beiden Händen. Wenn der Stein ganz warm davon war, legte er die Wange darauf und schlief so ein. Morgens erschrank er manchmal, wenn er verschlafen mit der Hand oder dem Gesicht gegen den kalten Stein stieß.
Als Stefan eines Tages von einem Museumsbesuch mit seiner Schulklasse nach Hause kam, schloss er sich nach dem Essen in sein Zimmer ein. Er setzte sich auf sein Bett und betrachtete lange, lange seinen Stein. Strich über die glatte Oberfläche. Dachte dabei an das, was er gesehen hatte: Versteinerungen. Dinge, die in Steine gepresst, zwischen Steinen, in Steinen Millionen Jahre alt waren: große Schneckenhäuser, Farnblätter, Muscheln, der Zahn eines Mammuts, Tierknochen, eine ganze Eidechse.
Stefan drehte und wendete seinen Stein. Bestimmt, ganz bestimmt war innen, ganz innen in diesem Stein so etwas unvorstellbar Altes. Natürlich kein Mammutzahn, kein Riesenschneckenhaus oder so was. Dazu war der Stein viel zu klein. Höchstens eine Muschelschale, ein winziges Farnblatt,

vielleicht eine Blüte oder vielleicht ... Stefan hielt den Stein an sein Ohr. Aber das war ja dumm. Eine Biene summt nicht mehr, wenn sie versteinert ist.
Tagelang ließ Stefan der Gedanke nicht los. Irgendetwas Geheimnisvolles war mit seinem Stein. Das hatte er immer gewusst. Wieder und wieder machte er verstohlen seine Faust auf und betrachtete die glatte, undurchsichtige Oberfläche des Steins. Stumm, undurchdringlich und geheimnisvoll lag der Stein auf seiner Hand.
Bis der Tag kam, wo es Stefan einfach nicht mehr aushielt. Er musste wissen, was seinen Stein so geheimnisvoll machte.
Er nahm einen Hammer. Legte den schimmernden Stein auf die Mauer vorm Haus. Strich noch einmal mit der Hand sacht über die glatte Oberfläche. Dann hieb er mit dem Hammer zu. Ein Stück sprang aus der Mitte des Steins. Risse wie ein Spinnennetz breiteten sich über ihn aus. Stefan pustete den Steinstaub weg. Nichts. Noch war nichts zu sehen.
Stefan hieb fester zu. Noch zwei Stücke. Stefan pustete. Nichts. Immer noch nichts. Wütend holte er aus und hieb ein drittes Mal zu.
Unter diesem letzten Hammerschlag zersprang der Stein in viele kleine, spitzige Stückchen. Mit zitternden Fingern wühlte Stefan in den Steinsplittern herum. Plötzlich fiel ihm dabei ein, dass er das Geheimnis des Steins, die Muschelschale oder die Blüte, mit seinen Hammerschlägen auch zerstört hätte. Fieberhaft drehte und wendete er jeden winzigen Splitter. Kein Blatt. Kein Muschelstückchen. Nichts. Nur Steinsplitter ... Stefan fegte sie mit der Hand von der Mauer.

Susanne Kilian

Individuell lernen

Bei dieser Unterrichtssequenz erfolgt die Angebotsphase vor dem gemeinsamen Lernen. Der Lehrer liest die Geschichte gut betont bis zu der Textstelle „...und hieb ein drittes Mal zu." vor. Die Kinder entscheiden sich spontan für eines der beiden Angebote:

Angebot 1: Erfinde ein Ende für die Geschichte und schreibe es auf.

Angebot 2: Male das Ende der Geschichte.

Gemeinsam lernen

Die Kinder zeigen ihre Lösungen oder lesen sie vor. Nun konfrontiert sie der Lehrer mit dem tatsächlichen Ende der Geschichte. Wichtig ist es in diesem Zusammenhang den Kindern die Gleichwertigkeit aller Lösungen zu vermitteln.

Tipps und Anregungen

Die Geschichte kann in Verbindung mit dem Kapitel 3.5 gebracht werden. Besonders bietet sich hier ein Vergleich mit dem Gedicht „Versteinerung" von Josef Guggenmos an (S. 44). Das Gedicht zeigt komprimiert und als anspruchsvoller Text, was hinter den Dingen steckt: Ein Stein hat Geschichte gespeichert. Die Kinder schreiben das Gedicht auf ein Blatt und können dieses nach dem Unterrichtsgespräch verzieren.
Auch in dem Lied „Kieselstein, Zauberstein" von Dorothée Kreusch-Jacob wird nach der geheimnisvollen Herkunft eines Steines gefragt. Dabei kommt auch die sinnliche Erfahrung durch das Fühlen und Malen nicht zu kurz:

Kieselstein, Zauberstein

Text und Melodie: Dorothée Kreusch-Jacob

2. Kieselstein, Zauberstein,
was hast du gesehn?
Erdendunkel, Sterngefunkel,
Berge, Flüsse, Seen?
Kieselstein, Zauberstein,
was hast du gesehn?

3. Kieselstein, Zauberstein,
sag mir was ins Ohr!
Sing mir leise Windmusik
und Wasserlieder vor!
Kieselstein, Zauberstein,
sag mit was ins Ohr!

4. Kieselstein, Zauberstein,
was kannst du mir geben?
Einen kurzen Augenblick
aus deinem langen Leben?
Kieselstein, Zauberstein,
was kannst du mir geben?

5. Kieselstein, Zauberstein,
ich fühl dich in der Hand
und male meinen Namen
mit dir in den Sand.
Kieselstein, Zauberstein,
ich fühl dich in der Hand.

Das Lied ist zu finden auf „Lieder aus der Stille“ (CD 3-491-88718-6, MC 3-491-87760-1), Patmos Verlag. Das Buch von Hilde Heyduck-Huth (siehe Literaturliste) vermittelt ebenfalls, dass Steine etwas darstellen und die Schönheit der unbelebten Natur widerspiegeln. Die Anordnung von Steinen symbolisiert menschliches Miteinander: Gefühle, Verhalten, Empfindungen. Dabei dient ein kleiner, runder Stein als Identifikationsfigur.

❖ Steine in der Hand

Das erste Gedicht könnte ein Beispiel dafür sein Menschen verstehen zu lernen, die nicht sehen können: Wir machen uns ein Bild von einem Stein, indem wir ihn erfühlen. Kinder nehmen mit geschlossenen Augen verschiedene Steine in die Hand und beschreiben, was die Finger „sehen“.
Das zweite Gedicht verdeutlicht: Steine haben trotz ihrer Unscheinbarkeit eine gewichtige Vergangenheit – im wahrsten Sinne des Wortes. Der Stein lässt sich erfühlen und kann etwas von der eigenen Lebenswärme vermittelt bekommen.

Der Stein

In meiner Hand
liegt ein kühler Stein.

Meine Hand
wärmt den Stein.

Meine Finger
schließen Freundschaft
mit dem Stein.

Georg Bydlinski

Gemeinsam lernen

Die Kinder sitzen im Kreis. Der Lehrer legt einem Kind einen kühlen Stein in die Hand und präsentiert das Gedicht von Georg Bydlinski (Tafel oder Projektor). Das Kind macht, was die Verse erzählen, und wird den Inhalt auf diese Weise begreifen. Dieser Vorgang wird mit anderen Kindern wiederholt und so die Angebotsphase vorbereitet.

Individuell lernen

Angebot 1: Such dir einen Stein aus der Steinsammlung aus, mit dem du Freundschaft schließen möchtest. Wem würdest du diesen Stein schenken? Erzähle.

Angebot 2: Du schließt Freundschaft mit einem Stein. Schreibe auf, was ihr zusammen unternehmt und wobei dir dein Freund vielleicht helfen kann.

Angebot 3: Lies das zweite Gedicht mit dem Titel „Der Stein" und vergleiche es mit dem ersten:
Was erfährst du über die Steine? Notiere in einer Tabelle.

Tipps und Anregungen

In diesem Zusammenhang können die Kinder sich auch Fühlkasten-Spiele ausdenken (vgl. S. 24 f.). Ebenso lassen sich hier die Eigenschaften von Steinen thematisieren (siehe Kapitel 3.8).

❖ „Der Zauberstein"

Dieses Gedicht erfordert schon ein gewisses Maß an Vortragskunst: Zusammenhänge müssen erkannt werden und die richtige Betonung ist erforderlich. Nur so wird das Geheimnis des Gedichtes zum Tragen kommen:

Der Zauberstein

Ich ging allein
im Mondenschein,
da hab ich ihn entdeckt,
den Stein, den Stein,
den Zauberstein,
der Tote auferweckt.

Ich hob ihn auf
und trug ihn fort
weit in den dunklen Wald.
Wie war der Stein,
der Zauberstein,
in meiner Hand so kalt.

Im Morgenlicht,
als Mond und Nacht
zur Ruhe sich begaben,
hab ich den Stein,
den Zauberstein,
tief unterm Moos vergraben.

Und eines Tag's,
vielleicht, vielleicht,
dass einer ihn entdeckt,
den Stein, den Stein,
den Zauberstein,
der Tote auferweckt.

Roswitha Fröhlich

Gemeinsam lernen

Der Lehrer liest das Gedicht vor. Die Kinder dürfen sich spontan äußern. Nun liest jedes Kind den Gedichttext leise. Nach dem Üben lesen einige Kinder laut vor, wobei die drei letzten Zeilen jeder Strophe von einem „Flüster-Chor" begleitet oder allein von diesem geflüstert werden können.
Im Anschluss daran erzählen die Kinder, was sie mit einem Zauberstein anstellen würden, und verraten damit einiges über ihre Wünsche. Mit diesem Unterrichtsgespräch wird die Angebotsphase eingeleitet:

Individuell lernen

Angebot 1: Beschreibe einen Ort, an dem man Zaubersteine finden könnte.

Angebot 2: Bemale einen Stein, den du als Zauberstein benutzen kannst.

Angebot 3: Schreibe Kärtchen mit Wünschen („Dieser Stein soll dich ..." oder „Mit diesem Stein kannst du ...").
Verschenke jedes Kärtchen mit einem Zauberstein.
Mach auch dir ein solches Geschenk.

Tipps und Anregungen

In diese Unterrichtssequenz lässt sich sehr gut das Buch „Passwort Zauberstein“ von Heike Ellermann integrieren (siehe Literaturliste).
Kapitel 3.2 enthält Anregungen zum Bemalen von Steinen.

❖ „Die Krähe und der Krug“

Die fabelhafte Geschichte nach Äsop zeigt nicht nur den Einfall der Krähe auf, sondern demonstriert auch ein physikalisches Gesetz. Dieses wird in komprimierter Form als Bildergeschichte von einem durstigen Vogel vorgeführt.

Gemeinsam lernen

Der Lehrer liest die Fabel zunächst vor und stellt anschließend die Frage: Kann das funktionieren?
Die Kinder führen nun in Partnerarbeit das Experiment durch, wofür Glasgefäße, Steine und Wasser zur Verfügung stehen sollten.
An die Berichte der Kinder über die Ergebnisse ihrer Experimente schließt sich die Angebotsphase an:

Individuell lernen

33 34

Angebot 1: Schneide die Bilder vom Aufgabenblatt aus und klebe sie in der richtigen Reihenfolge auf.
Erzähle dazu.

Angebot 2: Lies die Fabel mehrmals durch und trage sie dann flüssig vor.

Angebot 3: Schneide die Bilder vom Aufgabenblatt aus und klebe sie in der richtigen Reihenfolge auf.
Schneide die Absätze der Fabel auseinander und klebe die Textteile neben die passenden Bilder.

Tipps und Anregungen

Diese Unterrichtssequenz kann in Verbindung mit dem Kapitel 3.7 gebracht werden (siehe Angebot 4, S. 52).
Eine andere Bildergeschichte zeigt das liebevolle Verhältnis zwischen Eltern und ihrem Kind, die mit Steinen spielen. Sie kann als Erzähl- oder Schreibimpuls (als Hausaufgabe) verwendet werden.

❖ „Steine“

Auf dem Weg zum Erwachsensein haben Kinder oft schmerzliche Prozesse zu durchleben. Dazu gehört auch der Verlust von Illusionen: Ein Reifungsprozess muss mit dem Schwinden einer Unbeschwertheit bezahlt werden. Die Autorin beschreibt dies sehr einfühlsam und für Kinder sehr gut nachvollziehbar.

Steine

Pauli sammelt Steine auf der Schotterbank.
Wenn er einen findet, der ihm gefällt, steckt er ihn zu den anderen in seine linke Faust. Schön rund müssen sie sein und alle ungefähr gleich groß.
„Sag einmal, was suchst du da?“, redet ihn Leo an. „Ich schau dir schon die ganze Zeit zu.“
Pauli öffnet die Faust. „Solche Steine such’ ich“, sagt er zu dem fremden Jungen.
„Was willst du damit, die sind doch alle grau und gewöhnlich“, sagt Leo.
Paulis Finger schließen sich um die Steine. „Heimtragen tu ich sie.“
„Heimtragen, aha. Gewöhnliche Kieselsteine, die gar nichts wert sind.“ Leo grinste überlegen. „Kristalle sammeln, das ist was anderes. Ich hab welche, die sogar ziemlich teuer sind.“
Pauli zuckt schweigend die Schultern.
„Später werde ich überhaupt richtige Edelsteine sammeln“, erklärt Leo. „Diamanten zum Beispiel.“
„Dazu musst du erst reich sein“, sagt Pauli in die Sonne blinzelnd. Dann wendet er sich von Leo ab und wäscht im seichten Wasser den getrockneten Schlamm von seinen Kieseln.

Glänzend und bunt liegen sie jetzt auf seiner Hand.
„Alle Farben, siehst du?"
„Wert sind sie trotzdem nichts", sagt Leo.
Und als Pauli nichts sagt, sondern nur still die Steine auf der Handfläche rollt, fügt er hinzu: „Wenn sie trocken sind, wirst schon sehen, sind sie erst wieder grau. In ein Aquarium könntest du sie legen. Hast du ein Aquarium?"
„Nein", sagt Pauli.
„Dann kannst du sie gleich wegschmeißen", sagt Leo. „Oder ist dir vielleicht leid drum?"
„Wieso leid?", fragt Pauli.
Danach wirft er die Kiesel weit in den Fluss hinaus. Einen nach dem anderen. Zuletzt den blauen mit den gelben Pünktchen, der ihm am besten gefallen hat.
„Ich geh mir jetzt ein Eis kaufen", sagt Leo und schlendert davon.
Pauli schaut ihm nicht nach. Er steht auf, wischt sich die Hände an der Hose ab und geht langsam zum Auto der Eltern zurück.
„Schon wieder da, Pauli?", fragt seine Mutter. „Freut es dich heute nicht?"
„Du schaust aber finster drein", sagt der Vater. „Wer war denn der Junge, der mit dir geredet hat?"
„Weiß ich nicht", antwortet Pauli. „Blöd ist er, saublöd sogar, ein blöder Hund."
„Aber Pauli!", mahnt die Mutter. „Wie du redest!" Pauli verzieht den Mund. „Ach was, mir ist fad", sagt er. „Fahren wir nicht bald heim?"

Vera Ferra-Mikura

Gemeinsam lernen

Einige gute Leser lesen die Geschichte vor (evtl. als Hausaufgabe geübt). Im anschließenden Unterrichtsgespräch äußern die Kinder ihre Vermutungen darüber, warum die Steine für Pauli und Leo nicht die gleiche Bedeutung haben. Der Austausch über die Aussage der Geschichte ist die Grundlage für die nun folgende Angebotsphase:

Individuell lernen

Angebot 1: Lies die Geschichte.
Such dir einen Absatz, der dir besondes gut gefällt, und trage ihn vor.

Angebot 2: Nimm dir einige Steine und such dir einen Partner.
Spielt die Geschichte gemeinsam vor.

Angebot 3: Für jeden Menschen haben die Dinge eine andere Bedeutung.
Notiere, welche Dinge dir besonders lieb sind.
Berichte darüber, wenn du magst.

Tipps und Anregungen

Angebot 2 kann auch auf die Rollen von Pauli und Leo beschränkt werden.
In einem ähnlichen Zusammenhang steht die Geschichte „Der Stein" von Susanne Kilian (siehe S. 64 f.).
Eine Enttäuschung erlebt auch Ole, der Steine sammelt. Er wird auf diese Weise in den April geschickt. Die Geschichte „April, April" ist zu finden in „Mehr von uns Kindern aus Bullerbü" von Astrid Lindgren, Verlag Oetinger, Hamburg 1991.

❖ „Was willst du denn eigentlich?"

Der Text zeigt die Unvoreingenommenheit, mit der Kinder Wünsche in die Tat umsetzen wollen. Auch realistische Einwände lassen sie nicht an ihrer Zielsetzung zweifeln. Kinder haben sich zum Glück die Fähigkeit bewahrt ihre Ziele höher anzusetzen als deren Machbarkeit.
Die Kinder lernen sich darüber zu informieren, welche Werkzeuge bei der Bearbeitung von Steinen erforderlich sind. Ein Besuch bei einem Steinmetz kann die handwerkliche Realität aufzeigen. Die Kinder bekommen so einen Einblick in die Arbeitswelt.

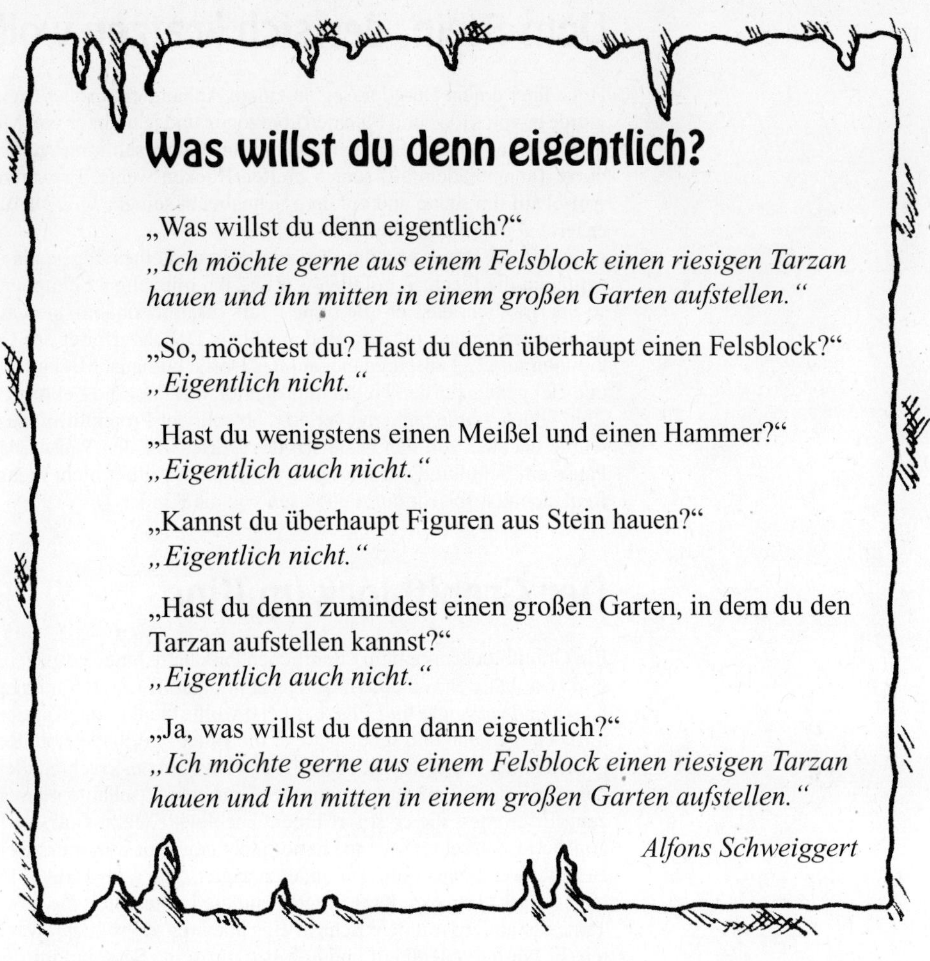

Was willst du denn eigentlich?

„Was willst du denn eigentlich?“
„Ich möchte gerne aus einem Felsblock einen riesigen Tarzan hauen und ihn mitten in einem großen Garten aufstellen.“

„So, möchtest du? Hast du denn überhaupt einen Felsblock?“
„Eigentlich nicht.“

„Hast du wenigstens einen Meißel und einen Hammer?“
„Eigentlich auch nicht.“

„Kannst du überhaupt Figuren aus Stein hauen?“
„Eigentlich nicht.“

„Hast du denn zumindest einen großen Garten, in dem du den Tarzan aufstellen kannst?“
„Eigentlich auch nicht.“

„Ja, was willst du denn dann eigentlich?“
„Ich möchte gerne aus einem Felsblock einen riesigen Tarzan hauen und ihn mitten in einem großen Garten aufstellen.“

Alfons Schweiggert

Gemeinsam lernen

Zwei gute Leser tragen den Text als Dialog vor. Die Kinder vermuten anschließend, welche Personen hier miteinander reden, begründen ihre Vermutungen und berichten möglicherweise von ähnlichen eigenen Erfahrungen. Dadurch wird die genauere Auseinandersetzung mit dem Text in der Angebotsphase erleichtert.

Individuell lernen

Angebot 1: Such dir einen Partner, mit dem du das Gespräch vorspielst. Übt es vorher!

Angebot 2: Wie könnte das Gespräch weitergehen? Überlege mit einem Partner. Schreibt es auf und spielt es vor.

Angebot 3: Was würdest du gern aus einem Felsblock hauen? Schreibe es auf oder zeichne deine Skulptur und erzähle dazu.

Tipp

Diesen Text kann man auch ergänzend zu den Unterrichtssequenzen der Kapitel 3.2 und 3.4 einsetzen.

❖ Was Steine alles können

In Franz Hohlers fantastischen Geschichten werden Steine als Persönlichkeiten vorgestellt. Kinder sind immer ein begeistertes Auditorium für surreale Szenen und für Nonsens in literarischen Texten. Tote Dinge zum Leben zu erwecken ist eine beliebte literarische Gepflogenheit. Kinder können dadurch motiviert werden aus dem Leben ihres Lieblingssteins zu erzählen oder ein Denkmal zum Sprechen zu bringen.

Vom Stein, der sich kratzen wollte

Hoch über einem Bergdorf lag an einem Abhang ein großer Stein. Je länger er dort lag, desto mehr wurde er von Moos und Flechten überzogen und je mehr er von Moos und Flechten überzogen wurde, desto stärker begann es ihn zu jucken. Besonders schlimm wurde es, wenn ihm der Wind auch noch dürre Tannennadeln auf seinen breiten Rücken wehte. Er war richtig froh, wenn sich einmal eine Amsel auf ihn setzte und mit dem Schnabel in seinem Moos herumzupicken begann, dann brummte er leise vor Erleichterung.

Aber auf die Dauer war ihm das zu wenig und eines Tages, als ihm auch noch ein kleiner Tannenzapfen in die Flechten gefallen war und ihn mit seinen Schuppen ganz leicht berührte, juckte es ihn so unerträglich, dass er alle seine Kraft zusammennahm, sich auf den Rücken kehrte und sich mit wohligem Stöhnen auf dem Boden wälzte. Dabei verlor er das Gleichgewicht, kollerte den Abhang hinunter und fiel ausgerechnet auf das Dorfschulhaus. Mit lautem Krachen durchschlug er das Dach und fiel genau auf den Hellraumprojektor, mit dem die Lehrerin gerade die Eiszeiten erklärte.

Zum Glück wurde niemand verletzt, obwohl der Projektor in tausend Stücke zersplitterte. Der Stein wurde nachher von den Männern des Dorfes auf den Pausenplatz getragen und weil sich in jeder Pause ein Schulkind auf ihn setzt, juckt es ihn seither nicht mehr, sondern er liegt zufrieden da und freut sich fast so sehr auf die Pausen wie die Kinder.

Franz Hohler

Der Granitblock im Kino

Ein Granitblock aus einem öffentlichen Park hatte lange gespart und wollte mit seinem Geld ins Kino und zwar hatte er von einem lustigen Film gehört „Zwei Tanten auf Abenteuer". Er ging also an die Kasse und verlangte fünf Plätze. Zuerst wollte sie ihm die Kassiererin nicht geben, da sagte der Granitblock bloß oho und schon hatte er die Billette. Er hatte erste Reihe gelöst, weil er seine Brille vergessen hatte. Als er sich auf seine fünf Plätze setzte, krachten gleich alle Armlehnen zusammen und dann fing das Vorprogramm an. Der Granitblock schaute interessiert zu und bestellte in der Pause zehn Eiscremes, die er sofort hinunterschluckte. Jetzt fing der Hauptfilm an und der Granitblock amüsierte sich sehr. Da er an Humor nicht gewöhnt war, musste er über jede Kleinigkeit lachen, zum Beispiel wenn eine Tante zur anderen sagte: „Na, altes Haus?" Er schlug sich auf die Schenkel und lachte, dass das ganze Kino zitterte und die Leute durch die Notausgänge flüchteten. Als dann eine Tante der andern mit dem Schirm eins über den Kopf haute, war der Granitblock nicht mehr zu halten. Er hüpfte jaulend auf und ließ sich auf seine Sessel plumpsen, die sogleich zusammenbrachen, und damit nicht genug, stürzte er durch den Boden des Kinos in einen Keller und konnte den Rest des Films nicht mehr ansehen. Das Kino wurde vorübergehend geschlossen, der Granitblock musste mit einem Lastwagen in seinen Park zurückgebracht werden und heute langweilen sich schon alle Spatzen, wenn er wieder mit seiner Geschichte von den Tanten kommt und kichernd erzählt, wie eine zur andern gesagt hat: „Na, altes Haus?"

Franz Hohler

Gemeinsam lernen

Der Lehrer teilt die Klasse in neun Gruppen ein.
Jede Gruppe erhält einen Satz der Geschichte „Vom Stein, der sich kratzen wollte" (ohne Überschrift!). Nun einigt sich jede Gruppe auf ein Lieblingswort aus ihrem Satz und schreibt dieses an die Tafel. Sind alle Wörter angeschrieben, erfindet jede Gruppe zu den Wörtern eine Geschichte, in der der eigene Satz enthalten sein muss. Die so entstandenen unterschiedlichen Geschichten werden anschließend mit dem Original verglichen, das der Lehrer mit der Überschrift vorliest.
Jetzt ist die Fantasie der Kinder für das individuelle Lernen angeregt.

Individuell lernen

Angebot 1: Menschen, Tiere, Pflanzen – und Steine:
Was, glaubst du, können und empfinden sie?
Notiere in einer Tabelle.

Angebot 2: Sind Steine auch lebendig?
Schreibe auf, was Steine alles können.

Angebot 3: Lies die Geschichte „Der Granitblock im Kino" von Franz Hohler.
Erfinde selbst eine Geschichte:
Ein Stein wird lebendig und erlebt Abenteuer

Tipp

Angebot 3 kann auch als Hausaufgabe gelesen und/oder für eine gemeinsame Lernphase verwendet werden.

❖ Stein-Geschichten schreiben

Beim Verfassen von eigenen Geschichten lernen Kinder produktiv mit ihrer Fantasie und ihren Emotionen umzugehen. Dabei gibt es viele Möglichkeiten Schreibanlässe zu schaffen – vom freien Schreiben über die Vervollständigung von Texten bis hin zum grafisch vorgegebenen Geschehen. Geschichten weiter zu spinnen und zu schreiben ist vielen Kindern geläufig. Eine Variante dazu: zu einem Schlusssatz eine Geschichte erfinden.
Auch bei dieser Unterrichtssequenz erfolgt das gemeinsame Lernen nach der Angebotsphase.

Individuell lernen

Angebot 1, 2, 3, 4 und 5 unterscheiden sich inhaltlich und durch die jeweilige Art des Schreibanlasses. Die Aufgabenblätter beinhalten die Aufgabenstellung.

Gemeinsam lernen

Die gemeinsame Lernphase besteht in der Durchführung von Schreibkonferenzen (Spitta 1992), wobei die Kinder erfahren, wie ernst sie und ihre Produkte genommen werden. Die Wertschätzung ihrer Arbeit ist eine wichtige Motivation, was auch für die Präsentation der Ergebnisse gilt.

❖ Steine in Märchen

Märchen sind für Kinder zum einen altersgemäßer Ethikunterricht und zum anderen Nahrung für die Seele. Gut und Böse sind eindeutig zu erkennen. Das Märchen hat grundsätzlich ein gutes Ende und kommt damit dem Harmoniebedürfnis der Kinder entgegen. In manchen Märchen spielen auch Steine eine Rolle, sie symbolisieren z. B. Unnachgiebigkeit. Märchen sollten vorgelesen oder besser noch erzählt werden.
Einige Kinder werden das Märchen „Vom Wolf und den sieben Geißlein“ kennen. Die Wackersteine im Bauch des Wolfes sind wichtiger Teil des Handlungsablaufes. Weitere Märchen zum Thema sind:
„Hänsel und Gretel“
„Das tapfere Schneiderlein“
„Hans im Glück“
Bei der ausgiebigen Lektüre von Märchen wird man sicherlich auf weitere Steine stoßen!

❖ Ein Stein-Fest

Zum Abschluss des Unterrichtsvorhabens sollte ein multimediales Ereignis vorbereitet werden, zu dem die Eltern eingeladen sind: Musik, Tanz, sprachliche Aktivitäten, ein Szenisches Spiel sowie eine Ausstellung stehen im Mittelpunkt. Speisen und Getränke runden das Fest ab.

Ausstellung

Die Ausstellung besteht aus der (kommentierten) Steinsammlung und aus den Lernergebnissen der Kinder. Durch die Präsentation ihrer Arbeiten wird das Selbstbewusstsein der Kinder gestärkt. Zudem können sie sich als Experten einer gewählten Thematik ausweisen, indem sie die Gelegenheit erhalten ihre Produkte vorzustellen und zu erläutern.

Lieder

Durch die Lieder „Der Stein“ (S. 61 f.) und „Steter Tropfen höhlt den Stein“ (S. 55 f.) findet eine musikalische Annäherung an das Phänomen Steine statt. Das Lied „Kieselstein, Zauberstein“ (S. 65 f.) dient als Anlass über Steine und ihre Geschichte zu erzählen.

Szenisches Spiel

Das Märchenmotiv „Steinsuppe“ findet sich im Volksgut vieler Länder. Die Figur des Wandermönchs zeigt, wie man sich mit Schlagfertigkeit und Witz durchsetzen kann; er demonstriert ein kleines Meisterstück der Rhetorik.
Der Handlungsablauf wird die Kinder zum Nachspielen anregen. Dabei lernen sie sich in die Situation der handelnden Figuren einzufühlen, den Handlungsablauf nachzuvollziehen und nicht zuletzt etwas über – Steine. Ebenso werden sprachlicher Ausdruck und emotionale Entwicklung gefördert.
Das Spiel kann man auf verschiedene Weise vorbereiten. In jedem Fall wird die Erzählung zunächst im Unterrichtsgespräch in einzelne Szenen eingeteilt. Anschließend kann man entweder in Gruppen zu jeder Szene ein Drehbuch schreiben lassen (Dialoge und Kommentar) oder jede Gruppe malt eine Szene mit Sprechblasen auf einen großen Bogen Packpapier (oder Tapete). Alle Bilder werden zusammen als Comic an die Wand gehängt und nachgespielt.

Essen

Natürlich macht es besonderen Spaß, wenn es auf dem Stein-Fest nach der Aufführung für alle einen Teller Steinsuppe gibt. Diese kann auch auf dem Fest gemeinsam mit den Eltern zubereitet werden, wobei die Zutatenliste auf dem Aufgabenblatt nicht dogmatisch aufzufassen ist.

Abschluss

Zum Abschluss bekommt jeder Gast einen Wunschstein mit einem Hinweis darauf, was dieser Stein kann oder soll, oder ein handgeschriebenes Stein-Gedicht.

Tipps

Eine witzige und bissige Variante des Themas gestaltet Tony Ross mit seinem Bilderbuch „Die Steinsuppe“ (siehe Literaturliste). „Der Suppenstein“ ist ein Schattenspiel von Thomas Joseph Landa und Norbert Landa, zu finden in „Jo-Jo“, Lesebuch 4, Cornelsen Verlag, Berlin 1995.
Die Geschichte „Der Stein im Himmel“ von Herbert Heckmann (S. 60) sowie das Gedicht „Die Kiesel“ von Josef Guggenmos (S. 59) eignen sich ebenfalls für eine szenische Umsetzung.
Die Berechnung von Ausgaben für das Stein-Fest (und möglichen Einnahmen) sollten die Kinder selbst vornehmen.

Literatur

Kinderbücher

Ellermann, Heike: *Passwort Zauberstein.* Lappan, Oldenburg 1995

Heyduck-Huth, Hilde: *Tanzen können auch die Steine.* Pro Juventute, Zürich o. J.

Hohler, Franz: *Tschipo in der Steinzeit.* Otto Maier, Ravensburg 1995

Lionni, Leo: *Am Strand sind Steine, die keine sind.* Middelhauve, Köln 1975

Pludra, Benno/Schoppe, Martin: *Ein Mädchen fand einen Stein.* Kinderbuchverlag, Berlin 1981

Ross, Tony: *Die Steinsuppe.* Herder, Freiburg 1987

Sachbücher

Baum, Heike/Bücken, Hajo: *Kiesel, Schotter, Hinkelstein.* Ökotopia Verlag, Münster 1996

Guhr, Andreas/Naber, Jörg: *Mythos der Steine.* Ellert und Richter, Hamburg 1989

Hähnel, Walter: *Mineralien und Gesteine* (Was ist was, Bd. 45). Neuer Tessloff Verlag, Hamburg 1970

Harding R./Symes R. F.: *Edelsteine und Kristalle.* Gerstenberg, Hildesheim 1991

Kühnemann, Ursula: *Steine, geklebt und bemalt.* Frech, Stuttgart 1976

Laudry, Irene: *Kieselsteine – gesucht, gefunden, bemalt.* Frech, Stuttgart 1990

Lieber, Werner: *Bunte Welt der schönen Steine.* Komos, Stuttgart 1978

Lüschen, Hans: *Die Namen der Steine,* Ott Verlag, Thun 1979

Parker, Steve: *Naturführer für Kinder: Mineralien und Steine entdecken, beobachten, bestimmen und verstehen.* Saatkorn, Lüneburg 1994

Pellent, Chris: *Steine und Minerale.* Otto Maier, Ravensburg 1994

Ders.: *Ravensburger Naturführer: Steine und Mineralien.* Otto Maier, Ravensburg 1980

Pesek, Ludek: *Nur ein Stein.* Beltz & Gelberg, Weinheim 1972

Pils, Ingeborg/Schuller, Fouse: *Steinspiele.* Hugendubel, München 1987

Rätsch, Christian/Guhr, Andreas: *Lexikon der Zaubersteine.* VMA Verlag, Wiesbaden 1989

Romare, Kerstin: *Mach mal was aus Steinen.* Bildung und Wissen, Hamburg 1976

Schumann, Walter: *Mein Hobby: Steine sammeln.* Kosmos, Stuttgart 1978

Für den Lehrer

Bruner, Jerome: *Entwurf einer Unterrichtsidee.* Schwann, Düsseldorf 1974

Hasse, Jürgen: *Sachanschauung und Selbstreflexion im Sachunterricht – Grundschulpädagogische Bemerkungen über Steine.* Carl v. Ossietzky Universität Oldenburg, Oldenburger Vordrucke, Heft 184/1993

Kübler, Roland: *Die Mondsteinmärchen.* Stendel Verlag, Waiblingen 1993

Manz, Hans: *Mit Wörtern fliegen.* Beltz & Gelberg, Weinheim 1995

Scheel, Barbara: *Offener Grundschulunterricht.* Beltz, Weinheim 1978

Schlosser, Wolfhard/Cierney, Jan: *Sterne und Steine.* Wissenschaftliche Buchgesellschaft, Darmstadt 1996

Spitta, Gudrun: *Kinder schreiben eigene Texte – Schreibprojekte.* CVK, Bielefeld 1985

Spitta, Gudrun: *Schreibkonferenzen in Klasse 3 und 4.* Cornelsen Scriptor, Frankfurt 1992

Stifter, Adalbert: *Bunte Steine.* Winkler, Düsseldorf 1990

Teichmann, Frank: *Der Mensch und sein Tempel – Megalithkultur in Irland, England und der Bretagne.* Urachhaus, Stuttgart 1983

Wesemann, Erika: *Die Steinsuppe – Märchen und Geschichten aus Korsika.* Unionsverlag, Zürich 1996

Stein-Spiel mit Merkmalskarten

Du brauchst:

- mindestens 20 leere Spielkarten
- sechs bis zehn möglichst unterschiedliche Steine

So wird es gemacht:

① Sammel möglichst viele Merkmale von Steinen und schreibe sie auf, z. B.:
Namen, Farben, Muster, wie sie sich anfühlen, wofür sie verwendet werden, wo man sie findet, . . .

② Sieh im Wörterbuch nach, ob du alles richtig geschreiben hast.

③ Schreibe jedes Merkmal sorgfältig auf eine Spielkarte.

Wie wird gespielt?

① Lege die Steine in einer Reihe auf den Tisch.

② Misch die Spielkarten und verteil sie an alle Mitspieler.

③ Lasst euch Spielregeln einfallen und probiert sie aus.

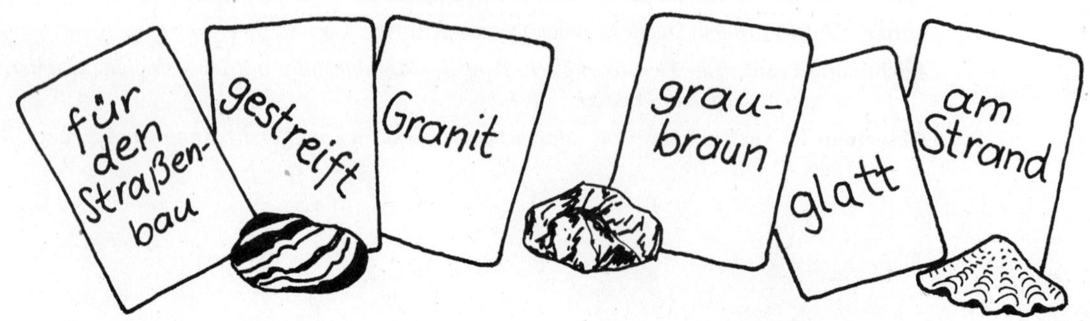

Stein-Spiele

Stein auf Stein

Es werden zwei Gruppen gebildet.

Jede Gruppe braucht kleine Wurfsteine, die sich deutlich von denen der Gegenpartei unterscheiden.

Grabt ein Loch, das einen Durchmesser von ungefähr 40 cm hat und etwa 10 cm tief ist.

Stellt euch 20 Schritte entfernt davon auf.

Wer mit seinem Stein in die Mulde trifft, bekommt fünf Punkte für seine Gruppe.

Wenn die andere Partei es auch schafft, so gilt der erste Stein als begraben und die bereits erzielten Punkte wechseln den Besitzer.

Das Team, das zuerst 20 Punkte erreicht, hat gewonnen.

Spiel mit bunten Steinen

Für dieses Spiel brauchst du Steine, Farben und Pinsel zum Bemalen der Steine und einen Mitspieler.

Jeder Mitspieler benötigt 13 kleine und 2 große Steine. Die Steine müssen auf einer Seite angemalt sein.

Stellt euch fünf Schritte von einer Wand entfernt auf. Werft abwechselnd alle Steine an die Wand.

Jetzt stellt ihr fest, welcher Stein am dichtesten an der Mauer liegt, ob er groß oder klein ist und ob er mit der bemalten Seite nach oben oder nach unten liegt.

Für einen großen Stein gibt es zwei Punkte und für einen kleinen Stein einen Punkt.
Zwei Punkte gibt es zusätzlich, wenn die bemalte Seite oben liegt.

Nach fünf Runden werden die Punkte zusammengezählt.
Gewonnen hat derjenige mit den meisten Punkten.

Das Rätselrad

Dieses Spiel stammt aus Südamerika.
Du kannst das Rätselrad gewinnen, wenn du gut hüpfen kannst und eine Menge weißt!

Zeichnet einen Kreis mit Kreide auf das Pflaster.
Teilt den Kreis wie eine Torte in acht gleiche Teile auf.
In jedes Kreisstück schreibt ihr einen Buchstaben.
Der Buchstabe ist der Anfang eines Wortes.

T = Tiere
A = Autos
F = Früchte
B = Blumen
G = Gemüse
L = Länder
E = Essen
ST = Städte

Der erste Spieler wirft seinen Stein in eines der Felder, z. B. T = Tiere. Nun hüpft er von einem Feld ins andere. Dabei muss er jedes Mal ein Tier nennen. Er ruft z. B.: Katze, Hund, Kuh, Schaf, Löwe, Huhn, Maus, Fisch.

Dann wirft er seinen Kieselstein ins nächste Feld (ST) und nennt nun beim Kreishüpfen acht Städtenamen.

So wird der ganze Kreis abgehüpft.

Tritt er beim Hüpfen auf einen Strich oder weiß er keine acht Beispiele, so gibt er den Stein an den nächsten Spieler.

Viel Spaß!

Paradieshüpfen

Dieses Spiel wird auch in anderen Ländern gespielt.
Es geht so:

- ☐ Wer das alles schafft, darf den Stein in das zweite Feld werfen, dann in das dritte usw.
- ☐ Der erste Spieler steht vor Feld eins.
- ☐ Trifft er nicht oder liegt der Stein auf der Linie, so ist der nächste Spieler an der Reihe.
- ☐ Er wirft einen Stein in Feld eins.
- ☐ Das Feld mit der höchsten Zahl ist das „Paradies". Gewonnen hat, wer dreimal im „Paradies" gewesen ist.
- ☐ Wenn er trifft, hüpft er mit einem Fuß in Feld eins. Dabei muss er den Stein mit dem „Hüpf-Fuß" aus dem Feld treten. Er darf aber nie auf eine Linie treten!
- ☐ Wer in einem Feld einen Fehler macht, muss den nächsten Spieler an die Reihe lassen und macht beim nächsten Mal mit diesem Feld weiter.
- ☐ In dieses Feld muss jeder seinen Stein dreimal werfen und ihn wieder heraustreten.

Bring die Spielregeln in die richtige Reihenfolge.
Such dir Partner und spielt gemeinsam das „Paradieshüpfen".

Und so sehen die Spielfelder aus in:

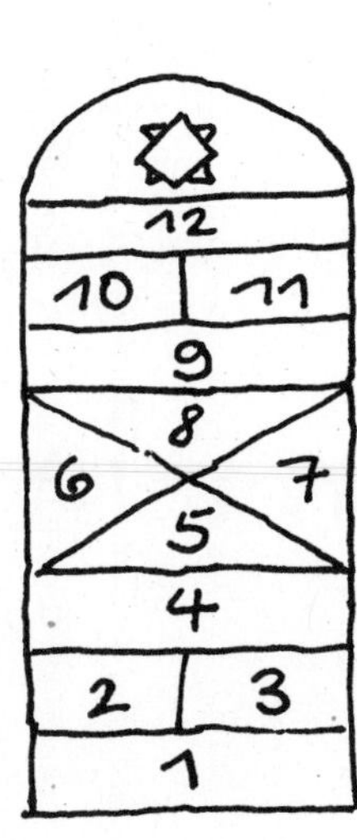

England

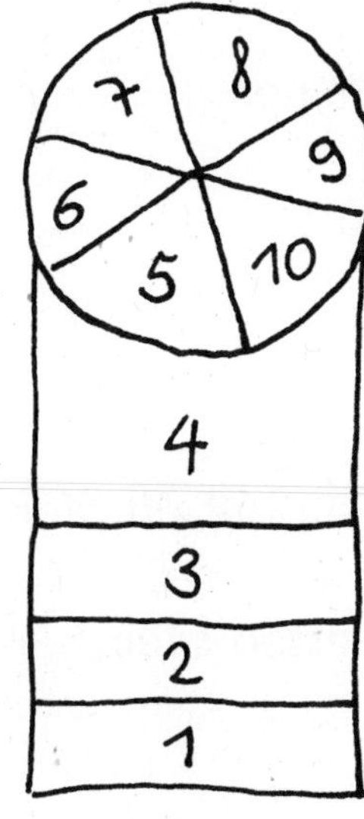

Schottland

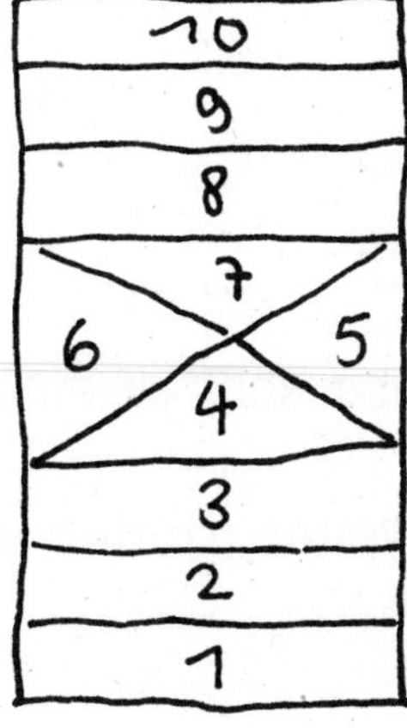

Frankreich

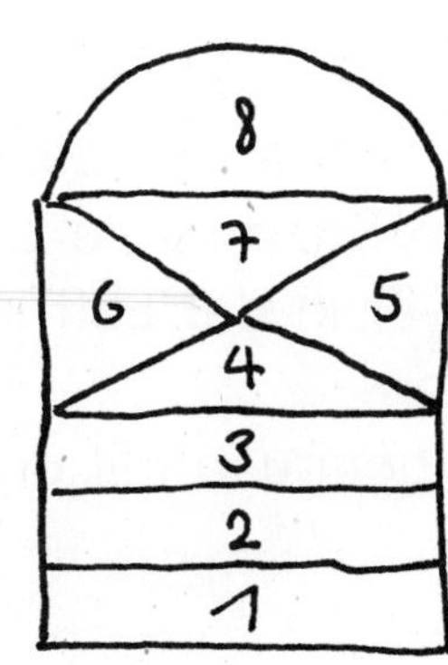

Deutschland

Fünf-Steine-Spiel

Dieses Spiel wird seit über 2000 Jahren auf der ganzen Welt nach den gleichen Regeln gespielt. Eskimos spielen es genauso wie Polynesier.

Ihr braucht fünf Steinchen.
Einer davon ist der Wurfstein.
Während er in der Luft ist, müssen die übrigen vier auf eine bestimmte Art und Weise aufgesammelt werden:

1. Runde

Ein Stein wird auf die linke Hand gelegt.
Wirf ihn hoch und fange ihn wieder auf.
Weiter geht's mit zwei, dann drei, vier und fünf Steinen.
Ist das geschafft, kommt die nächste Runde.

2. Runde

Lege vier Steine auf den Boden.
Wirf einen Stein in die Luft.
Während er in der Luft ist, hebe schnell einen Stein auf und fange den Wurfstein.
Mach es genauso mit dem zweiten, dritten und vierten Stein.

3. Runde

Dieses Mal musst du gleich zwei Steine gleichzeitig aufheben, während der Wurfstein in der Luft ist.
In weiteren Runden kannst du versuchen drei und auch alle vier Steine gleichzeitig aufzuheben.

Das Labyrinth von König Minos

Diese Zeichnung enstand nach dem Muster eines berühmten Labyrinths auf der Insel Kreta. Du kannst es mit Steinen nachbauen!

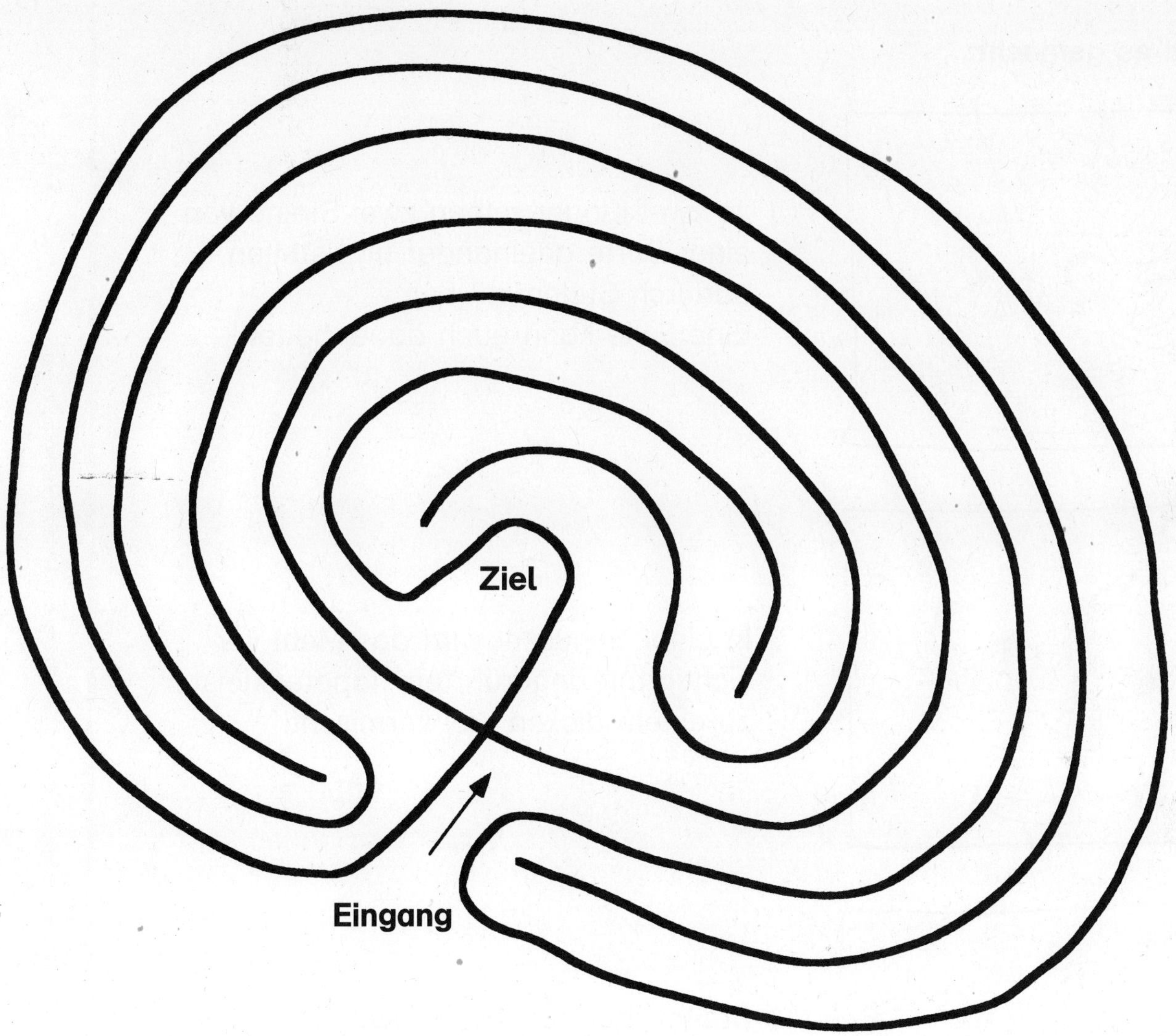

Versuche auch andere Muster zu legen: Kreise, Spiralen, Karos, . . .

Höhlenmalerei

Du brauchst:
weiche Steine, angerührten Tapetenkleister, Papierbahn von der Rolle, Feilen, große Pinsel, gute Ideen für eine Botschaft

So wird es gemacht:

Je zwei Kinder reiben zwei Steine von einer Sorte aneinander und stellen dadurch Steinmehl her.
Eine Feile kann euch dabei helfen!

In einer Schüssel wird das Mehl vorsichtig mit angerührtem Tapetenkleister zu einem dicken Brei vermischt.

Breitet nun eure Höhlenwand (Papierbahn) auf dem Boden aus. Überlegt, was ihr malen wollt, und teilt euch den Platz gut ein.

Jetzt malt ihr eure Botschaft mit den verschiedenen Steinfarben und dicken Pinseln auf das Papier.

Einen Steinhaufen malen

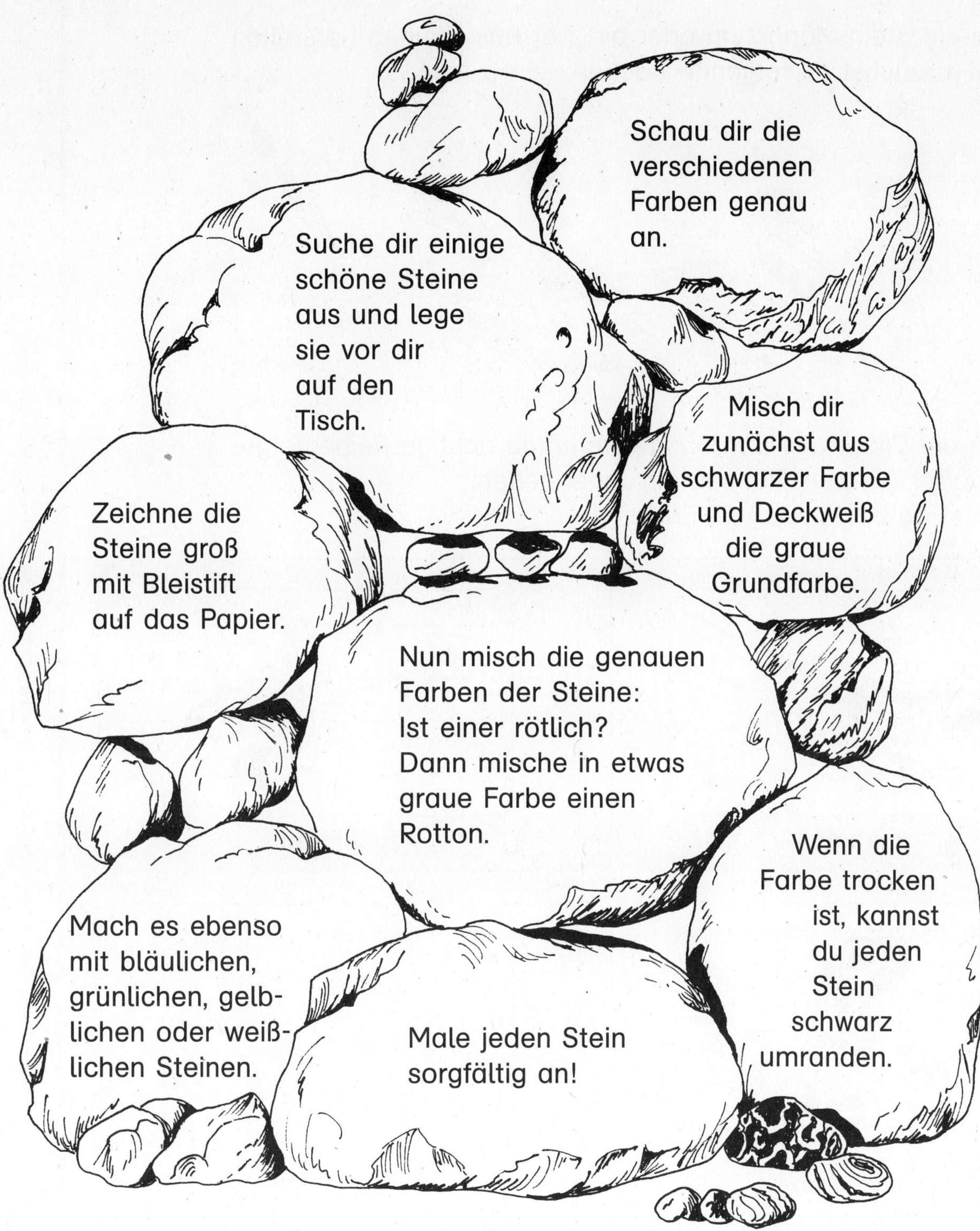

Ist dein Steinhaufen nicht schön!

Stein-Figuren

Wenn du ein Stein-Männchen oder ein Tier aus Steinen herstellen möchtest, brauchst du folgende Sachen:

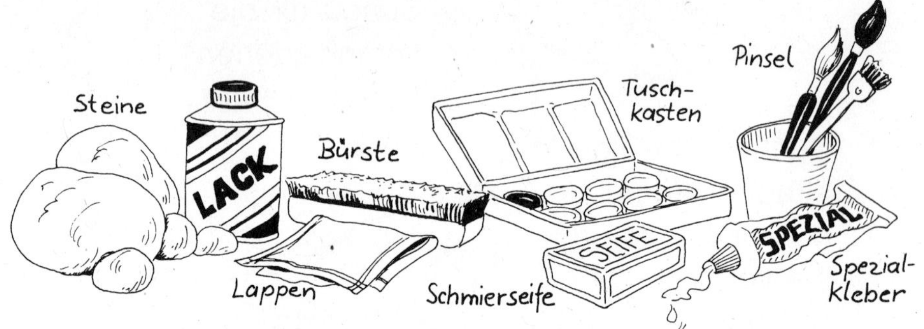

Schneide die Bilder aus und bringe sie in die richtige Reihenfolge.
Die Tunwörter (Verben) können dir dabei helfen.
Nun kannst du beginnen. Viel Erfolg!

anmalen

lackieren

verzieren

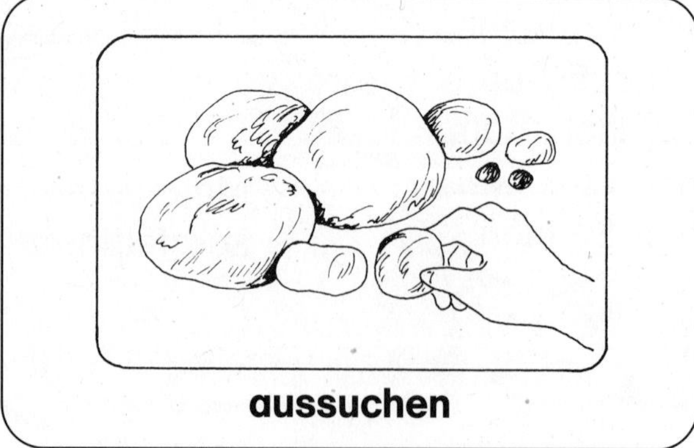

aussuchen

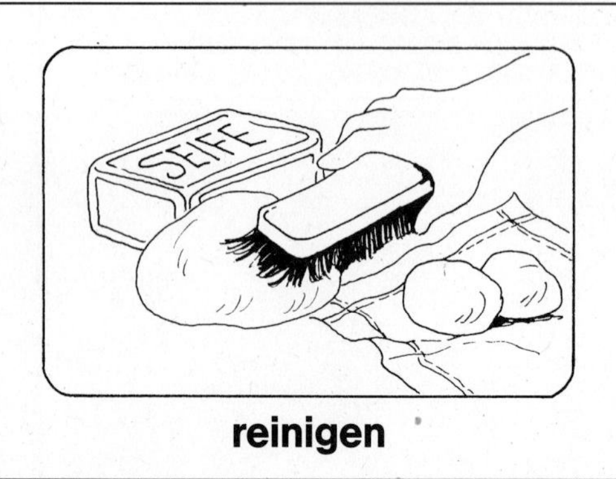

reinigen

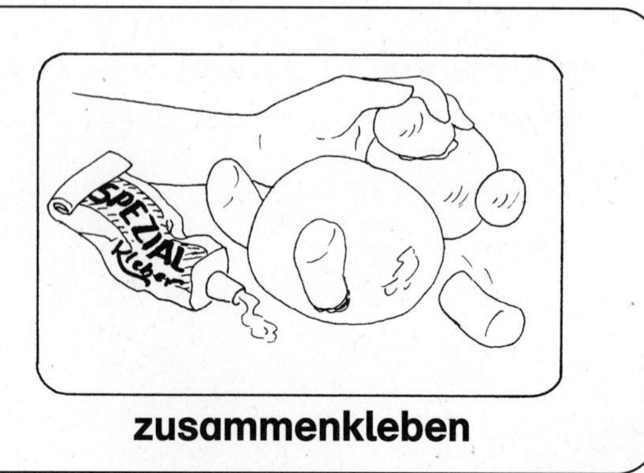

zusammenkleben

Stein-Teppich

Du brauchst:
- viele Steine, die die gleiche Form und Farbe haben
- einen Schuhkarton-Deckel
- feuchten Sand

So wird es gemacht:

①

②

③

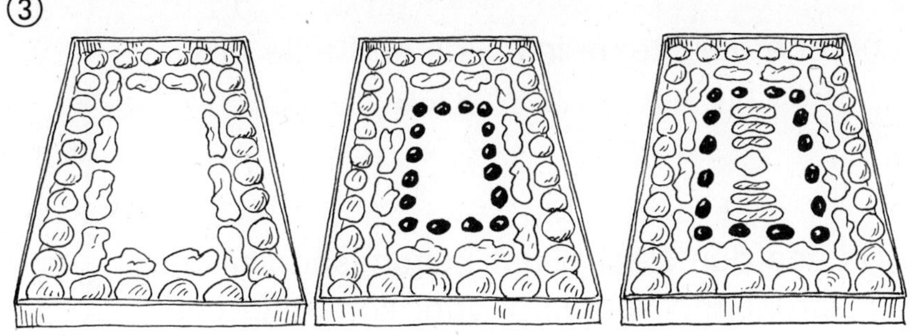

Achtung: Beginne am äußeren Rand!

oder:

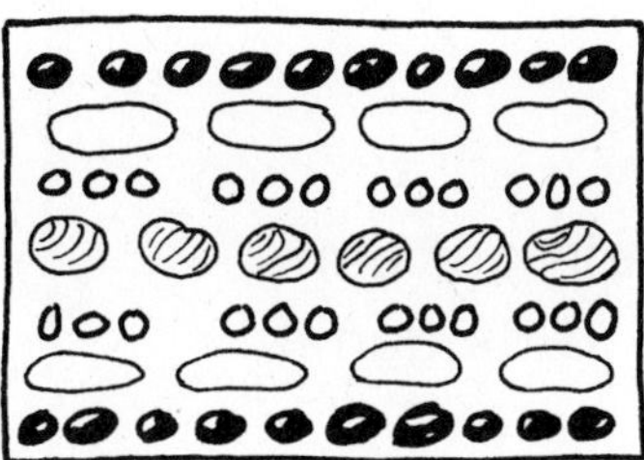

oder:

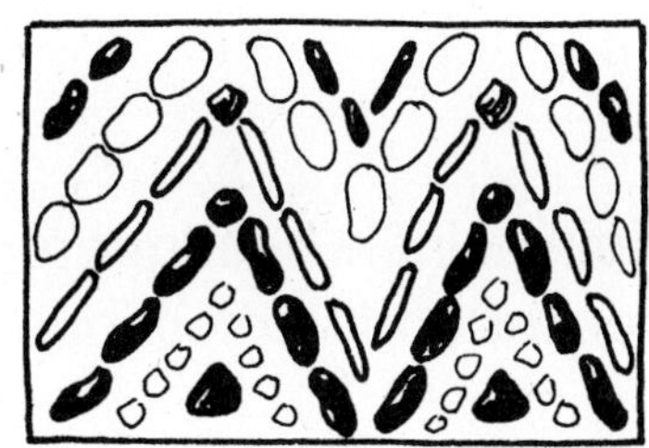

oder:

④ Wenn dein Teppich fertig ist, gib ihm einen schönen Namen!

Stein-Glas

Hast du schon beobachtet, wie schön Steine im Wasser aussehen? Probiere es aus!

Du brauchst:

- schöne, nicht zu große Steine
- ein Marmeladenglas mit Schraubdeckel
- Zeitungspapier
- Lackspray (schwarz oder weiß)
- Spezialkleber
- Bürste
- Schmierseife

So wird es gemacht:

① Klebt auf deinem Glas ein Etikett, so weiche es ein und entferne es sorgfältig.

② Reinige die Steine mit Wasser, Schmierseife und Bürste.

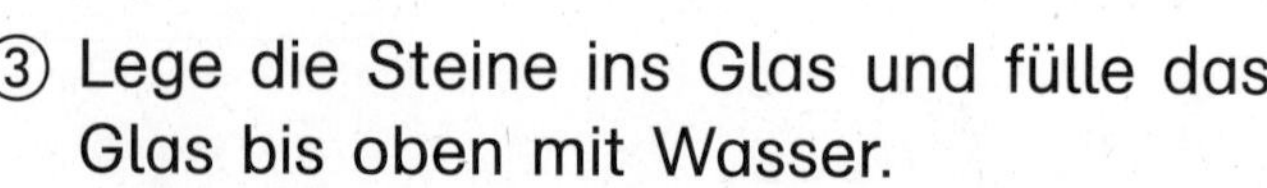

③ Lege die Steine ins Glas und fülle das Glas bis oben mit Wasser.

④ Lege den Deckel auf Zeitungspapier und sprühe ihn sparsam, aber sorgfältig mit Lack ein.

⑤ Lass den Lack trocknen.

⑥ Klebe einen besonderen Stein auf den Deckel und verschließe das Glas damit.

Ist dein Stein-Glas nicht schön?
Du kannst es auch als Geschenk verwenden.

Kräuter-Schnecke aus Steinen

Ihr braucht:

- ein Fleckchen Erde von ein bis drei Meter Durchmesser
- Schutt
- Komposterde
- verschieden große Steine
- Teichfolie
- Gartengeräte
- Kräuterpflanzen

So wird es gemacht:

① Steckt das Gelände in der gewünschten Größe ab.
② Schichtet in der Mitte einen Schutthaufen von 40 bis 60 cm Höhe auf.
③ Baut die Steine spiralförmig um den Haufen herum auf. Beginnt mit den größeren Steinen.
④ Achtet darauf, dass sich die Rundmauer etwas nach innen neigt, damit sie stabil genug ist.
⑤ Grabt ein Loch von 60 cm Tiefe für den kleinen Teich. Er sollte 80 cm Durchmesser haben.
⑥ Legt die Folie hinein und befestigt sie am Rand mit Steinen.
⑦ Beschichtet den Schutt 10 cm hoch mit Komposterde.
⑧ Nun pflanzt die richtigen Kräuter ein. Auf der Zeichnung könnt ihr euch informieren:

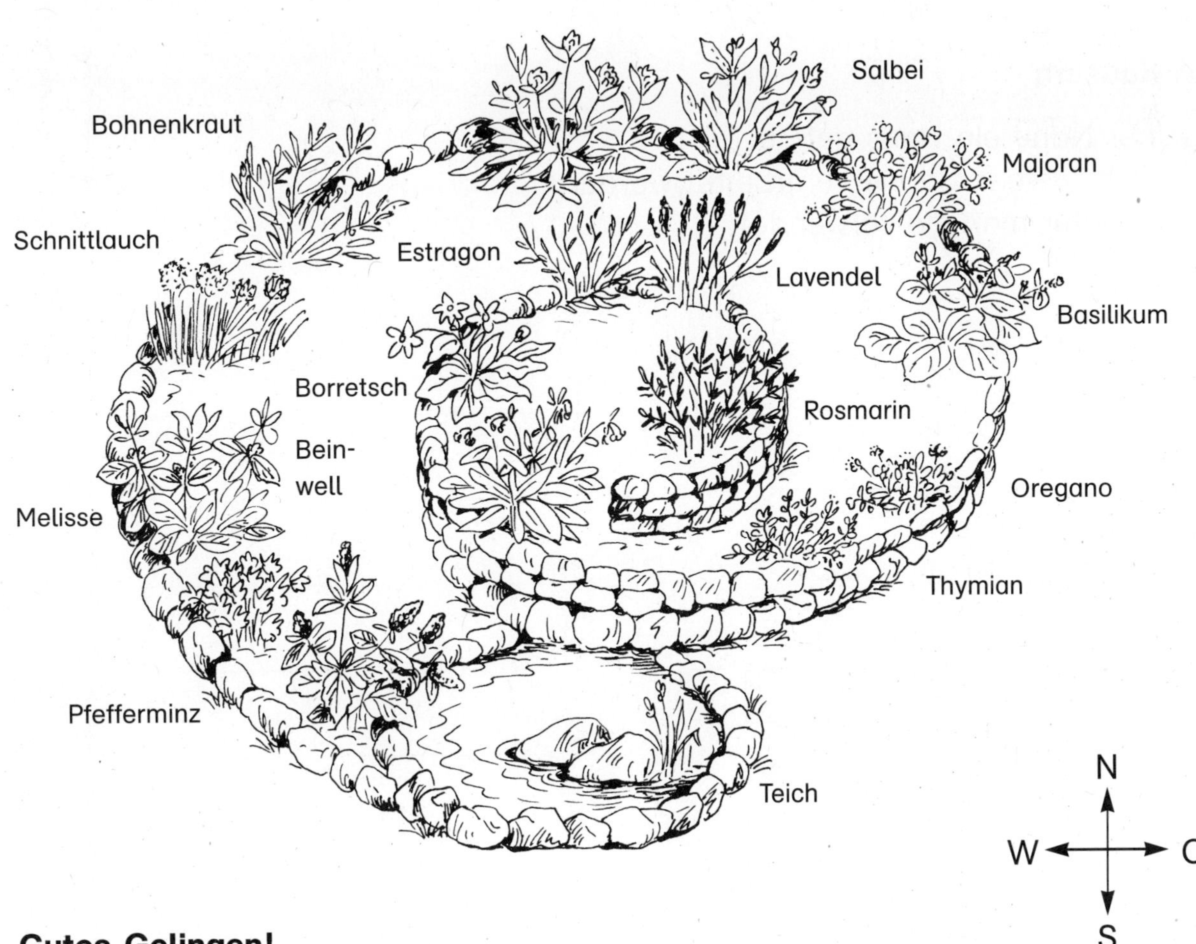

Gutes Gelingen!

Steine in unserer Umgebung

Steine auf Straßen, Gehwegen und Plätzen

Lass dir von deiner Lehrerin oder deinem Lehrer verschiedene Gesteine geben, die du kennst.
Such dir eine Straße oder einen Platz aus und schau dort nach, wo ein Gestein verarbeitet ist!
Lege eine Tabelle dazu an!

Gestein	Fundort	Verwendung

Steine an Häusern

Wird in deiner Nähe ein Haus gebaut?
Erkundige dich, welche Steine verarbeitet werden!
Zeichne ein, wofür man sie verwendet!

① ____________________

② ____________________

③ ____________________

④ ____________________

⑤ ____________________

⑥ ____________________

Achtung: Du darfst die Baustelle nicht allein betreten!

Erfinde einen Kunststein!

Es ist gar nicht so schwer eine neue Steinsorte herzustellen.

Du brauchst:

- Kieselsteine
- zerschlagene Kunststeine
- angerührten Zement oder Gips
- eine Käseschachtel
- einen Hammer
- Zeitungspapier

So wird es gemacht:

① Wickel einen Kunststein dick in Zeitungspapier und zerschlage ihn mit einem Hammer.

② Misch die Steinbrocken und die Kieselsteine mit dem Gipsbrei.

③ Streich die Mischung in die Käseschachtel und lass sie gut trocknen.

④ Wenn du die Schachtel entfernst, hast du einen neuen Stein.
Gib ihm einen Namen und stell ihn aus!

Speckstein-Katze und ...

Du brauchst ein Stück Speckstein und ein Schnitzmesser.

① Zeichne eine liegende Katze mit dem Bleistift.

② Suche dir ein Stück Speckstein aus, das schon eine ähnliche Form hat.

③ Schau den Stein genau an: Wo soll der Kopf der Katze sein, wo der Bauch?

④ Jetzt kannst du mit dem Schnitzen beginnen. Wenn du noch nie geschnitzt hast, lass es dir zeigen. Achtung: Man kann sich leicht schneiden!

... Ytong-Eule

Du brauchst einen Ytong-Block, Feile, Beitel, Stecheisen, Hammer und Sandpapier.

① Zeichne die Eule mit einem Stift auf den Stein.

② Stelle mit dem Werkzeug die groben Umrisse der Eule her. Pass auf, dass die Ohren nicht abbrechen!

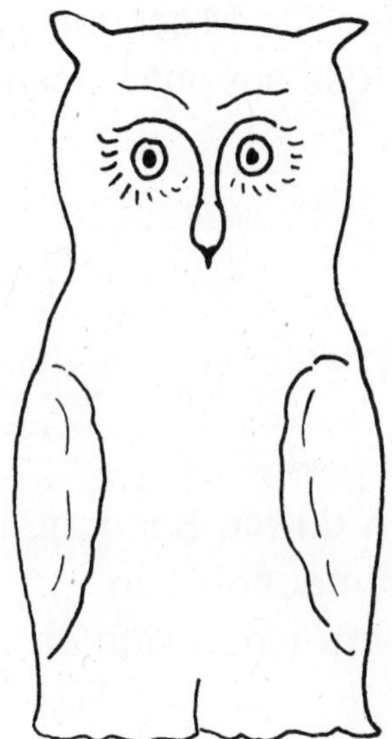

③ Nun benutze die Feile um die genaue Form der Eule auszufeilen.

④ Wenn deine Eule besonders schön werden soll, schmirgel sie mit Sandpapier ganz glatt.

Steckbrief Feuerstein

Der Stein kommt oft in Knollen vor.
Wenn man ihn zerbricht, hat er sehr scharfe Spitzen und Kanten.

Er hat viele Farben, von hellbraun bis grau und schwärzlich.
Die Flächen sind so glatt, als wären sie poliert.

Wenn man zwei von diesen Steinen aneinander reibt, riecht es brenzlig.
Man kann auch Funken dabei sehen.

Aus diesem Stein stellten unsere Vorfahren in der Steinzeit Waffen und Geräte her.

Steckbrief Bimsstein

Dieser Stein ist hellgrau und so leicht, dass er sogar schwimmen kann.

Er hat viele kleinere und größere Poren und fühlt sich rau an.

Bei einem Vulkanausbruch wurde er als Schaum in die Luft geschleudert. Der Schaum erstarrte dann.

Er wird als Schleifmittel und Reinigungsstein für stark verschmutzte Hände benutzt.
Er wird aber auch zu Bausteinen verarbeitet, da er gut isoliert.

Steckbrief Kalkstein

Dieser Stein ist meist dicht und feinkörnig.
Seine Farbe ist weißlich, gelblich oder hellgrau.

Er ist aus vielen Schalen und Skeletten von Meerestieren entstanden. Sie sanken auf den Meeresboden und türmten sich zu richtigen Gebirgen auf.

Manchmal findet man in diesem Stein versteinerte Muscheln und andere Versteinerungen.

Er ist ein wichtiger Baustein und wird auch zur Herstellung von Zement und Mörtel verwendet.

Steckbrief Basalt

Er ist ein sehr schwerer und sehr harter Stein.

Die Farbe dieses Steines ist dunkelgrau bis schwarz. Er ist nicht geschichtet, wie z. B. der Schiefer.

Früher wurde er als Pflasterstein für Straßenpflaster verarbeitet.

Heute kennst du ihn als Schotter oder Splitt zum Gleis- oder Straßenbau.

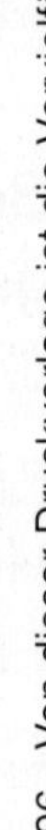

Steckbrief Granit

Dieser Stein besteht aus drei Zutaten: Die kleinen schwarzen Stückchen sind der glitzernde Glimmer, die grauen Körner sind Quarz und die hellgraue Farbe kommt durch den Feldspat.

Er ist einer der härtesten Steine.

Der Stein ist wie Salz und Pfeffer gesprenkelt.

Er wird zum Pflastern von Wegen und Plätzen verwendet.

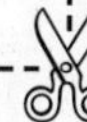

Steckbrief Schiefer

Er ist fein geschichtet und lässt sich gut in Platten spalten.

Seine Farbe ist hellgrau bis dunkelgrau und schwarz. Manchmal schimmert er auch grünlich.

Er wird zum Decken von Hausdächern verwendet, zum Verkleiden von Außenwänden und auch für Bodenplatten.

Früher lernten die Kinder auf Tafeln aus diesem Stein das Schreiben. Sie benutzten einen Griffel aus demselben Stein dazu.

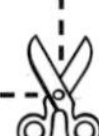

Steckbrief Kunststein

Er wird aus Steinresten oder gemahlenen Steinen hergestellt.

Zu dieser Steinsorte gehören z. B. Ziegel- und Betonsteine.

Seine Farbe ist unterschiedlich. Das hat etwas mit seinen Zutaten zu tun. Er kann weiß oder rötlich sein oder auch farbig gesprenkelt.

Dieser Stein wird als Baustein verarbeitet. Du findest ihn bei jedem Hausbau.

Etwas für Steinforscher: Wie der Granit entstanden ist

Tief im Innern der Erde ist es sehr heiß. Man schätzt, dass es etwa 6000 Grad Celsius sind. Die Gesteine und Mineralien befinden sich in geschmolzenem Zustand (Magma).
Kühlt das Magma unter der Erdoberfläche in der Erdkruste ab (immer noch in großer Tiefe!), so wird es sehr, sehr langsam zu einem festen Gestein. Diese Steine nennt man Tiefengesteine, z. B. der Granit: Je langsamer er abkühlt, desto größere Kristalle bilden sich, weil sie viel Zeit zum Wachsen haben.

Wenn du den Text sorgfältig gelesen hast, kannst du diese Aufgaben bestimmt lösen:

① Die flüssige Steinmasse im Innern der Erde heißt ______________________ .

② Die Temperatur im Erdinneren beträgt etwa ____________________ .

③ Beschreibe, was passiert, wenn glutflüssiges Magma nach oben steigt.

④ Warum hat der Granit größere Mineralkristalle?

Schreibe die Antworten auf eine Karte, die du zu den Steinen stellst.

Etwas für Steinforscher: Wie der Basalt entstanden ist

Tief im Innern der Erde ist es sehr heiß. Man schätzt, dass es etwa 6000 Grad Celsius sind. Die Gesteine und Mineralien befinden sich in geschmolzenem Zustand (Magma).
Wenn das Magma nach oben steigt, in die Erdkruste, kühlt es ab. Es erstarrt zu Stein. Je nachdem, wie schnell oder langsam das Magma erstarrt, entstehen verschiedene Gesteine.
Wenn z. B. die glutflüssige Lava bei einem Vukanausbruch den Berghang hinunterfließt, kühlt sie schnell ab. Die dabei entstehenden Gesteine nennt man Ergussgesteine, z. B. der Basalt. Er ist meistens schwarz, weil die Lava schwarze Mineralien enthielt.
Der Vogelsberg in Hessen z. B. besteht aus Basalt, da er ein erloschener Vulkan ist.

Wenn du den Text sorgfältig gelesen hast, kannst du diese Aufgaben bestimmt lösen:

① Weißt du, wie heiß das Magma im Erdinnern ist?

② Erkläre, warum man Basalt als Ergussgestein bezeichnet.

③ Begründe, warum Basalt meistens schwarz ist.

④ Gibt es in Deutschland Vulkane?

Schreibe die Antworten auf eine Karte, die du zu den Steinen stellst.

Etwas für Steinforscher: Wie der Bimsstein entstanden ist

Hast du schon einmal gesehen, wie etwas in einem Kochtopf überkocht? Zuerst quellen Dampf und Schaum unter dem Deckel hervor. So ähnlich ist es auch bei der Entstehung von Bimsstein, nur viel gewaltiger: Bei einem Vulkanausbruch fliegen große Gasmengen aus dem Vulkanschlot. Sie reißen den Schaum der Lava mit in die Luft. Dieser Schaum erkaltet in der Luft und fällt als Brocken zur Erde. Bimsstein könnte man also auch Lavaschaum nennen. Durch die vielen Gasblasen ist er sehr porös und leicht. Du weißt, dass er sogar schwimmen kann.

Wenn du den Text sorgfältig gelesen hast, kannst du diese Aufgaben bestimmt lösen:

① Entsteht Bimsstein über oder unter der Erde?

② Erkläre, warum er so porös ist.

③ Könnte man Bimsstein auch anders nennen?

④ Womit kann man die Entstehung von Bimsstein vergleichen?

Schreibe die Antworten auf eine Karte, die du zu den Steinen stellst.

Etwas für Meeresforscher: Wie der Sandstein entstanden ist

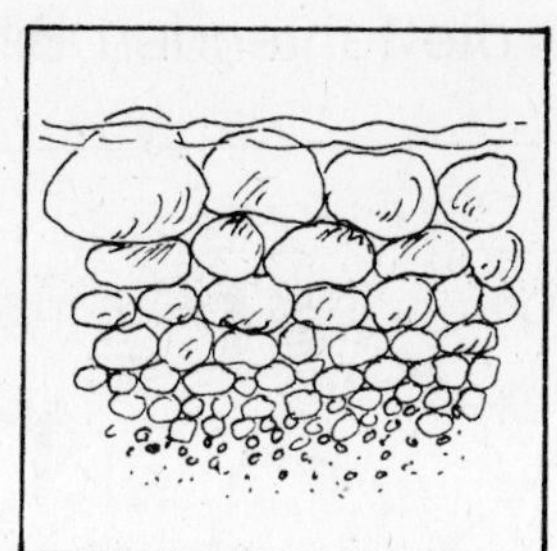

Wenn die Erdkruste sich bewegt, werden diese Schichten manchmal emporgehoben.

Flüsse spülen ständig riesige Mengen von Schlamm, Sand und Steinen ins Meer.

So kommt Schicht auf Schicht.
Tote Tiere und Pflanzen werden mit eingebettet.

So kannst du die Schichten erkennen und vielleicht auch versteinerte Tiere und Pflanzen darin finden.

Dort sinkt alles zu Boden und setzt sich ab.

In Millionen von Jahren werden die Schichten immer dicker.
Sie pressen und drücken die unteren Schichten fest zusammen.

Durch das Wasser und den Druck werden die Steine in Jahrtausenden zu Sand gerieben.

Welcher Text passt zu welchem Bild?
Schneide alles aus und klebe Texte und Zeichnungen in der richtigen Reihenfolge zueinander!

Wie ein Dinosaurier versteinerte

Zeichne die fehlenden Bilder und schreibe dazu!

Zu den vielen Tierarten, die schon lange ausgestorben sind, gehören auch die Dinosaurier.

Die toten Tiere wurden von Sand- oder Schlammschichten bedeckt.

___

___

___

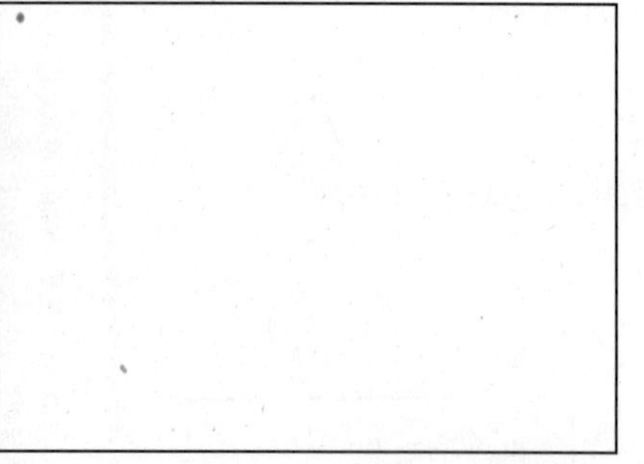

___

___

___

In Jahrmillionen wird aus den Sand- und Schlammschichten festes Gestein. Es enthält die versteinerter Knochen des Dinosauriers.

Abdrücke und Versteinerungen

Du brauchst:

- Sand
- Kies
- Gipspulver
- Zement
- Wasser
- Muscheln, Schneckenhäuser
- eine flache Schachtel

So wird es gemacht:

① Mische die ersten vier Zutaten zu gleichen Teilen mit Wasser und rühre alles zu einem Brei.
② Fülle den Brei in die Schachtel.
③ Drücke deine Muscheln und Schneckenhäuser in den Brei und nimm sie vorsichtig wieder heraus.

Nun hast du Abdrücke!
Oder:

④ Gieße etwas Brei über die eingebetteten Muscheln und Schneckenhäuser.
⑤ Wenn der Brei ganz hart ist, schlage ihn vorsichtig mit dem Hammer auf.

Nun hast du Versteinerungen!

Von der Entstehung eines Vulkans bis zum erloschenen Vulkan

Schneide aus und klebe in der richtigen Reihenfolge auf!

Ein Vulkan-Modell

Wenn du dieses Vulkan-Modell nachbauen willst, brauchst du Zeit (mehrere Tage) und eine gute Planung!

Material:
eine Grundplatte aus Pappe, eine lange Papprolle, Zeitungspapier, angerührter Tapetenkleister, Tuschkasten und Pinsel, Knetmasse, Räucherstäbchen, lange Streichhölzer

So wird es gemacht:

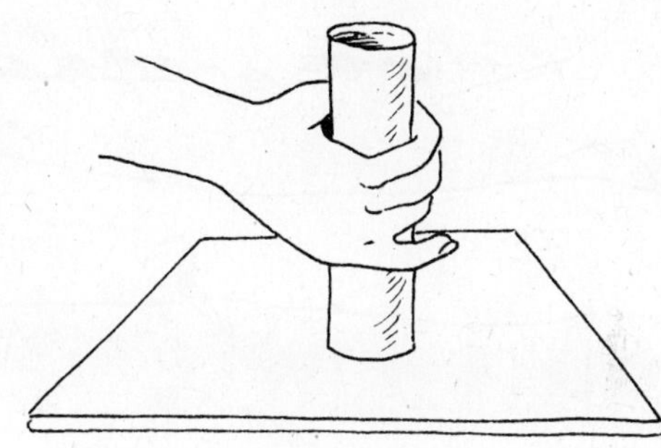

① Zerreiß das Zeitungspapier und weiche es im Kleister ein.

② Stell die Papprolle (Krater) auf die Grundplatte.

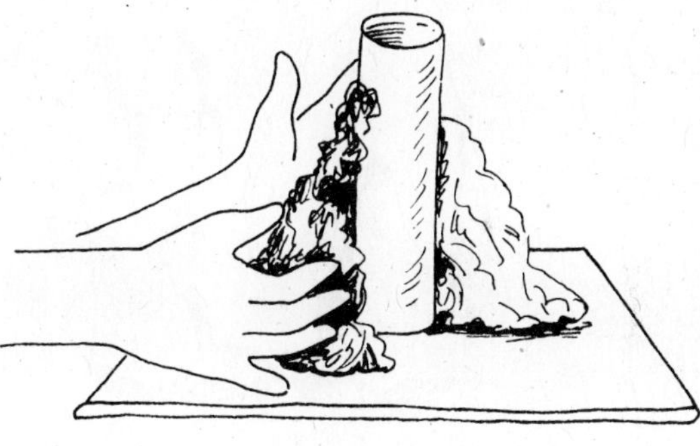

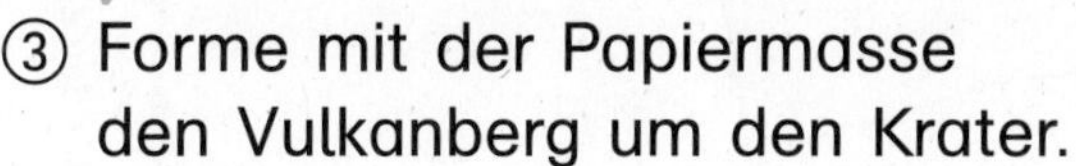

③ Forme mit der Papiermasse den Vulkanberg um den Krater.

④ Lass alles gut trockenen und male anschließend den Vulkanberg an.

⑤ Stecke 3–5 Räucherstäbchen in eine Kugel aus Knete und versenke sie in dem Schlot.

⑥ Rufe alle Zuschauer herbei, und zünde die Stäbchen an.

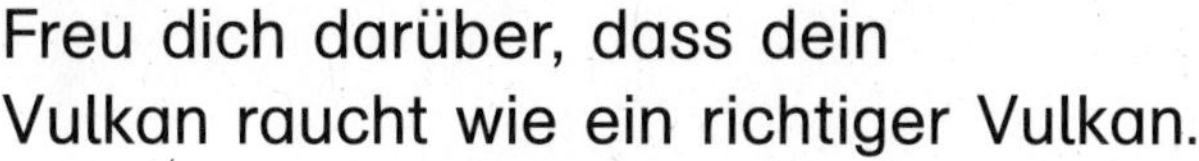

Freu dich darüber, dass dein Vulkan raucht wie ein richtiger Vulkan.

Ein Werkzeug aus der Steinzeit

Du kannst dir selbst ein steinzeitliches Werkzeug herstellen, z. B.

eine **Steinklinge**,

einen **Steinbohrer**,

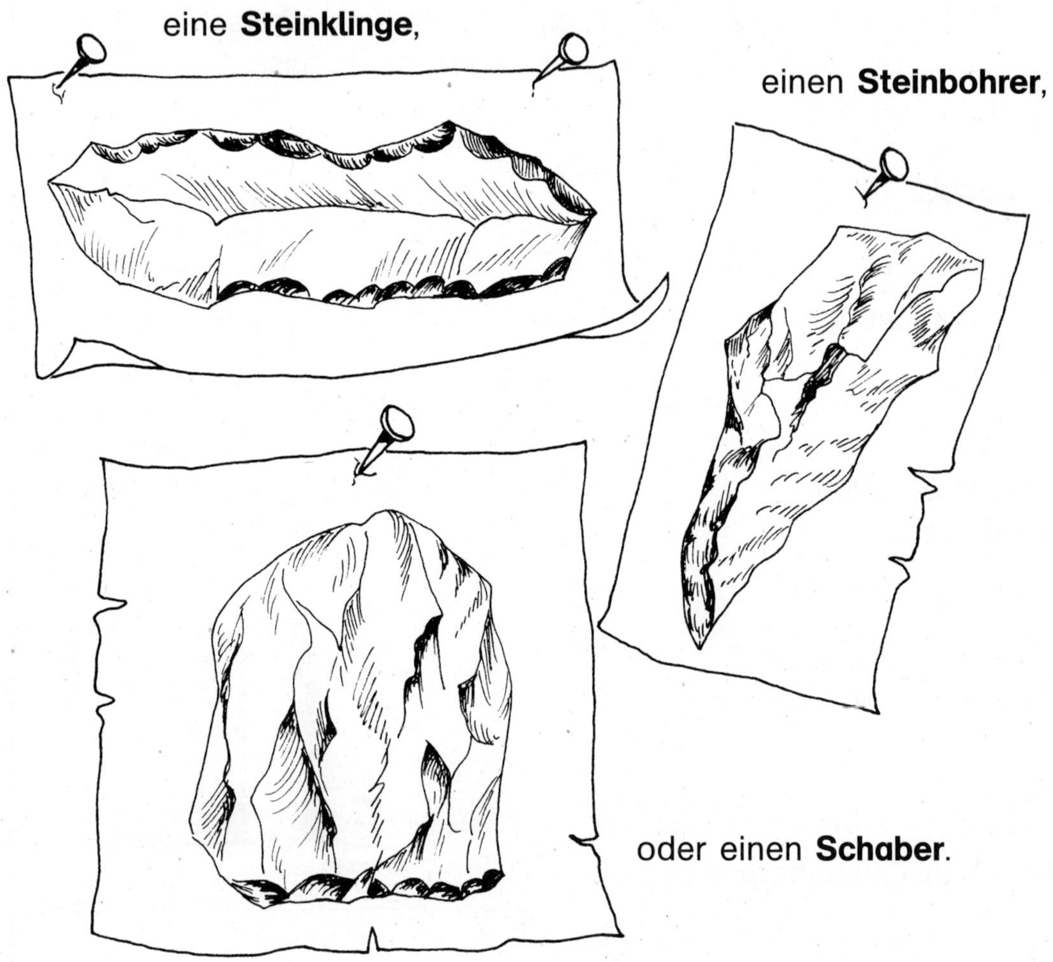

oder einen **Schaber**.

Du brauchst:
einen größeren Feuerstein, einen Hammer und Zeitungspapier

So wird es gemacht:

① Wickel den Feuerstein dick in Zeitungspapier, damit dir beim Zerschlagen kein Splitter ins Auge springt.
② Zerschlage den eingewickelten Stein auf einer festen Unterlage mit dem Hammer.
③ Wenn du das Papier öffnest, findest du sicher eine oder mehrere Steinklingen.
④ Probiere sie vorsichtig aus, z. B. beim Bohren eines Loches, beim Zerschneiden einer Kartoffel, beim Glätten eines Holzstückes.

Arbeite möglichst im Freien!

Etwas für Steinzeitforscher

Kennst du Werkzeuge aus der Steinzeit?
Hier ist etwas durcheinander geraten.
Schneide Texte und Abbildungen aus und klebe sie richtig zugeordnet auf!

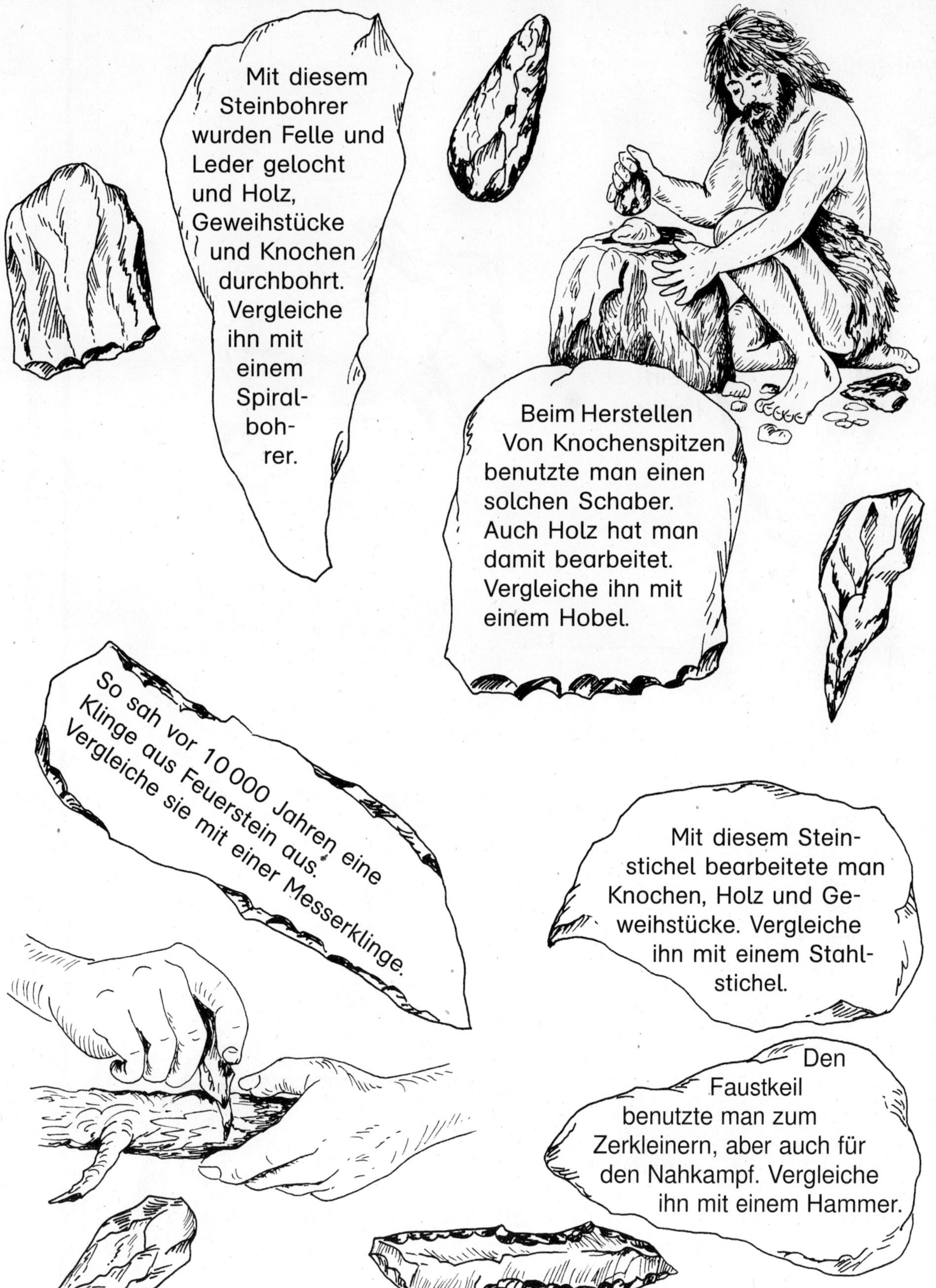

Ein Wildpferdchen aus Mammut-Elfenbein

Schneide die Abbildungen aus und klebe sie in der richtigen Reihenfolge auf. Fertige eine Beschreibung an. Verwende dabei folgende Tunwörter (Verben): teilen, abspalten, schärfen, abschlagen, schnitzen!

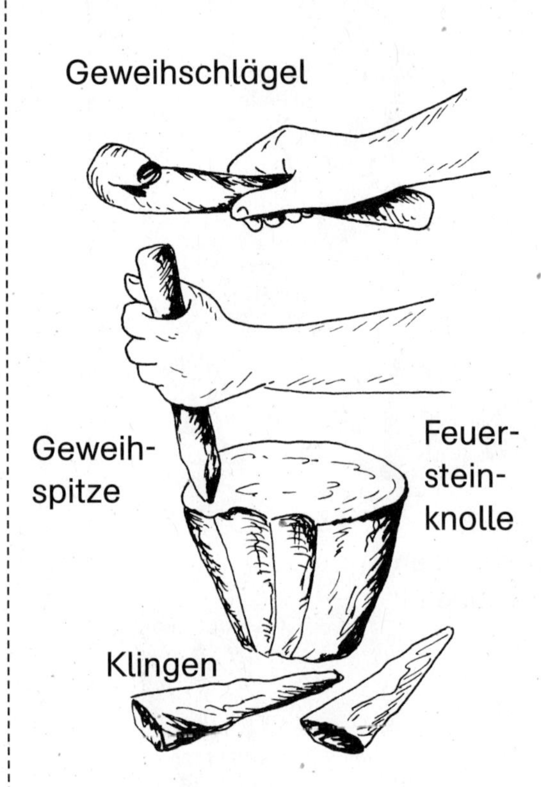

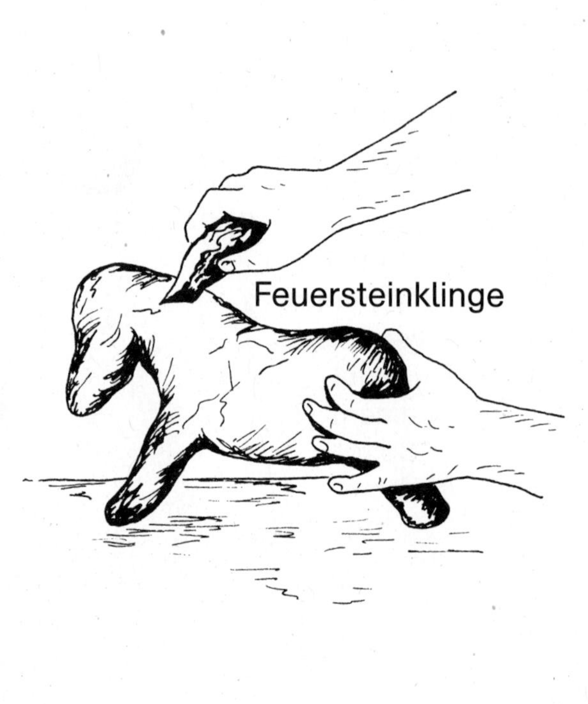

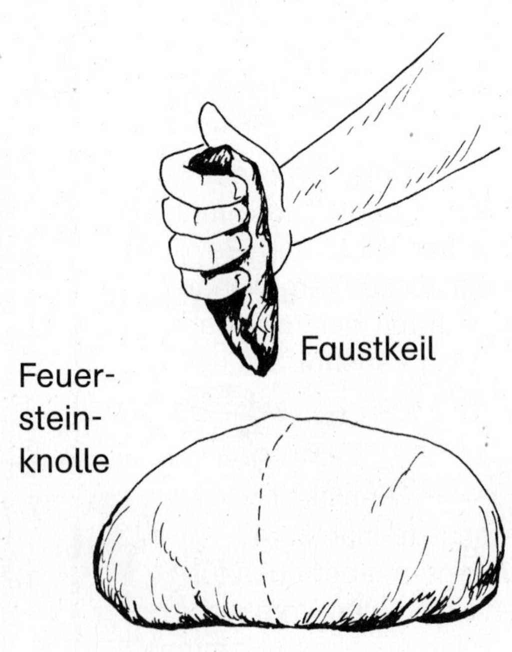

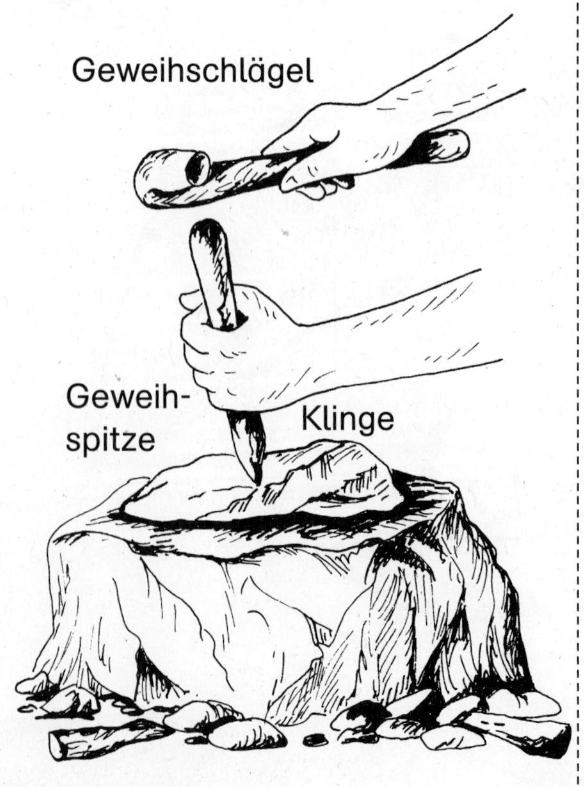

Steine unterscheiden sich in ihrer Härte

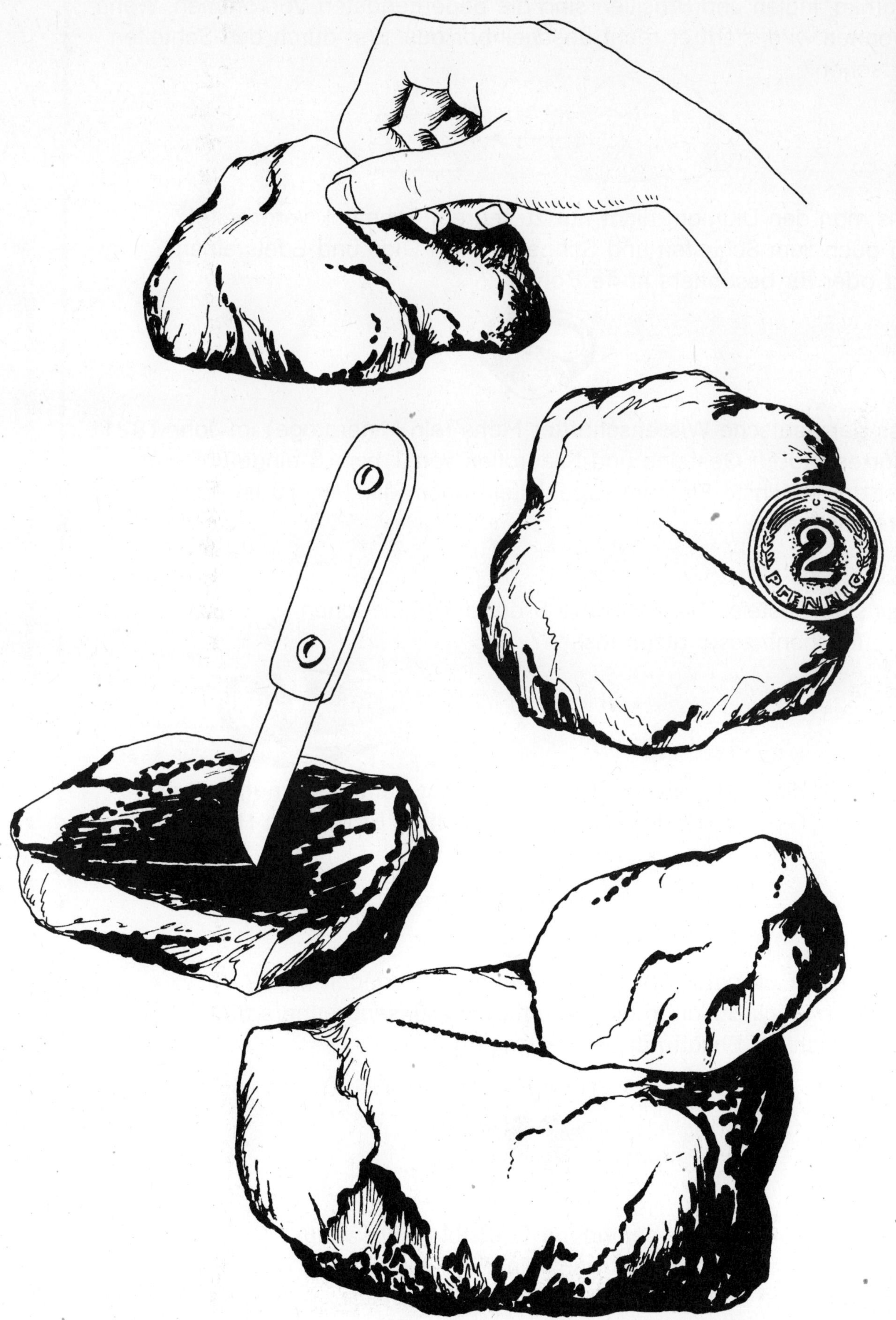

Wusstest du schon, ...

... dass der Diamant der härteste Stein ist?
In Südafrika, Indien und Brasilien sind die bedeutendsten Vorkommen. Wenn er gewonnen wird, sieht er recht unscheinbar aus. Erst durch das Schleifen wird er schön.

... dass man den Diamant nicht nur zu teurem Schmuck verarbeitet?
Er wird auch zum Schleifen und Schneiden von Glas und Edelsteinen benutzt oder für besonders harte Bohrer.

... dass der deutsche Wissenschaftler Mohs (ein Mineraloge) im Jahr 1821 eine Härteskala für Gesteine und Mineralien von 1 bis 10 eingeführt hat? Nr. 1 ist das weichste Element (Speckstein oder Talk), Nr. 10 ist das härteste (Diamant).

... dass sich Gesteine bis zur Härte 5 auf der Mohs'schen Härteskala mit dem Taschenmesser ritzen lassen?

... dass man die Härte eines Gesteins auch mit dem Fingernagel überprüfen kann? Gips ist mit dem Fingernagel ritzbar. Er hat den Härtegrad 2.

... dass man auch harte Steine zum Schmelzen bringen kann?
Wenn du ein Stück Basalt in die Flamme des Bunsenbrenners hältst, kannst du es beobachten. Basalt hat den Härtegrad 6.

... dass der größte bisher gefundene Edelstein 621 g wiegt?
Es ist der Cullinan-Diamant. Er wurde in 150 Teile zerlegt. Die größten Stücke wurden im englischen Kronschmuck verarbeitet.

Kristalle aus Kochsalz

Du weißt, dass manche Steine aus Mineralkristallen bestehen, z. B. Granit. Solche Kristalle kannst du selbst herstellen.

Du brauchst:

- 3 Esslöffel Kochsalz oder Alaun
- einen Becher mit warmem Wasser
- einen Löffel zum Umrühren
- eine flache Schale

So wird es gemacht:

① Gib das Salz in den Becher mit warmem Wasser und rühre so lange um, bis das Salz vollständig gelöst ist.
② Gieße das Salzwasser in eine flache Schale.
③ Lass die Schale so lange stehen, bis das Wasser verdunstet ist. Bewege die Schale in der Zwischenzeit nicht, damit du besonders schöne Kristalle erhältst!

Stein-Wörter

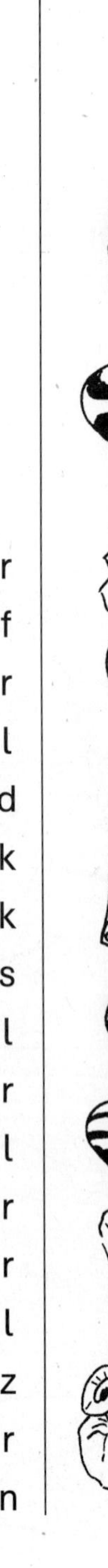

	ern
	alt
	reich
	hart
	ig
	zeit
	bruch
	metz
	haufen
	kohle
	obst
	schleuder
	wurf
	pilz
	eiche
	bock
	igen
ver	ern
Kopf	pflaster
Ver	erung
Edel	schleifer
Bord	kante
Speck	
Kalk	
Bims	
Kiesel	
Feuer	
Ziegel	
Kilometer	
Pflaster	
Spiel	
Grenz	
Mauer	
Franken	

Lesesteine

Sammel viele Steine:

große und kleine,
helle und dunkle,
eckige und runde,
glatte und raue.

Lege verschiedene Buchstaben!

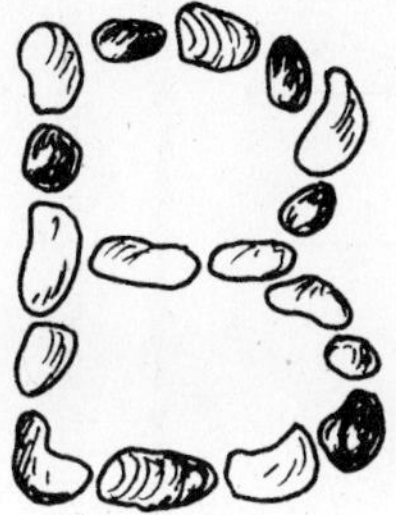

Male Buchstaben auf Steine!

Lege deinen Namen,
ein kurzes Wort,
ein langes Wort,
dein Lieblingswort.

Schreibe auch Silben auf die Steine!
Damit kannst du viele Wörter bilden.

Vielleicht hast du ja einige Steine, auf die du ein ganzes Wort schreiben kannst. Lege damit kurze Sätze!

Steine und ihre Eigenschaften

Mit geschlossenen Augen lassen sich viele Merkmale von Steinen erkennen. Du kannst sie mit den Händen **erfühlen**:
leicht, glatt, rund, . . .

Allerdings musst du Steine genau **anschauen**, wenn du Farben und Maserungen beschreiben willst:
grünlich, gestreift, . . .

① Sammel auf diese Weise möglichst viele Eigenschaften und Merkmale von Steinen. Schreibe sie auf Merkmalskärtchen.

② Suche dir Mitspieler und spielt Stein-Memory:
Legt viele möglichst unterschiedliche Steine auf den Tisch und die Merkmalskärtchen umgedreht dazu.
Im Wechsel nimmt jeder einen Stein und deckt dazu ein Kärtchen auf.
Passen Stein und Wort zusammen, so darf der Spieler beides behalten.

Stein-Alphabet

① Ordne nach dem Alphabet:

Basalt, Edelstein, Achat, Feldspat, Diamant, Glimmer, Idar-Oberstein, Jade, Lapislazuli, Hämatit, Mondstein, Wunschstein, Nephrit, Y ist der sechste Buchstabe in Amethyst, Pyrith, Zauberstein, Opal, Quarz, Rubin, Karat, Citrin, Saphir, Uran, Tigerauge, Vandanin, x-beliebiger Stein

② Schreibe dein eigenes Steine-ABC

Abdruck	N ______
Bildhauerin	O ______
C ______	P ______
D ______	Q ______
E ______	R ______
F ______	S ______
Gips	T ______
H ______	U ______
I ______	V ______
J ______	W ______
K ______	X ______
L ______	Y ______
Mauer	Z ______

Die Krähe und der Krug (nach Äsop)

Eine durstige Krähe fand einen großen Krug. In diesem Krug war wenig Wasser. Die Krähe wollte daraus trinken, aber sie musste feststellen, dass entweder ihr Hals zu kurz war oder das Wasser zu niedrig stand. Sie strengte sich sehr an und verrenkte sich, aber kein einziger Tropfen Wasser kam in ihre Kehle.

Da beschloss die Krähe den Krug einfach umzustoßen, aber entweder war der Krug zu groß oder zu schwer oder die Krähe war zu klein oder zu schwach. Alle ihre Bemühungen das Gefäß umzustoßen waren umsonst. Da wollte die Krähe schon aufgeben.

Schließlich hatte sie aber einen Einfall: Sie hob im Garten einen Kieselstein auf, trug ihn im Schnabel herbei und ließ ihn in den Krug fallen. Das Wasser stieg ein wenig.

Dann holte sie einen zweiten Kieselstein und warf auch diesen hinein. Das Wasser stieg noch höher.

Danach brachte sie immer mehr Steine herbei und ließ sie in den Krug fallen.

Endlich war das Wasser so weit gestiegen, dass die Krähe nach Herzenslust ihren Durst stillen konnte.

Die jahrtausendelange Reise

Markus findet am Meeresstrand einen seltsamen Stein. Er liegt zwischen Kieseln und sieht ganz anders aus als sie: merkwürdig geformt und von zahlreichen bunten Adern durchzogen. Vielleicht ist es ein Edelstein, denkt Markus, sicher hatte er vor langer Zeit eine besondere Bedeutung. Er beschließt seine Lehrerin danach zu fragen.

In der Schule erfährt Markus, dass es sich um einen ganz gewöhnlichen Stein handelt. Enttäuscht wirft er ihn auf dem Heimweg in ein Gebüsch. Nun liegt der Stein einsam im Verborgenen. Was weiter mit ihm geschehen wird, ist ungewiss. Doch der Stein denkt nicht darüber nach. Er hat schon einiges erlebt auf seiner jahrtausendelangen Reise als Teil der Erde.

Überlege, wo überall der Stein schon gewesen sein könnte, bevor Markus ihn fand. Berichte aus seinem früheren Leben.

Geschichten ohne Ende

Der Urlaubsstein

In wenigen Tagen gehen die Sommerferien zu Ende. Dann beginnt für Lisa und Jan wieder die Schule. Zusammen mit ihren Eltern haben sie drei Wochen Urlaub an der Ostsee verbracht. Das Ferienhaus, das sie gemietet haben, liegt direkt am Strand.
Die Eltern packen die Koffer. Sie sind schon fast voll. Als Vater das Haus verlässt um sich noch einmal am Bahnhof nach der Abfahrtszeit des Zuges zu erkundigen sagt Lisa: „Jan, dein schöner Stein muss aber auch mit." Sie nimmt den Stein vom Fensterbrett und packt ihn in den Koffer. Vater kommt zurück und entdeckt den Stein unter seinem Badetuch. Er murmelt: „Tut mir leid, aber das wird zu schwer!"
Wortlos legt er den Stein vor die Tür.

Schreibe die Geschichte zu Ende.
Benutze dabei folgende Wörter

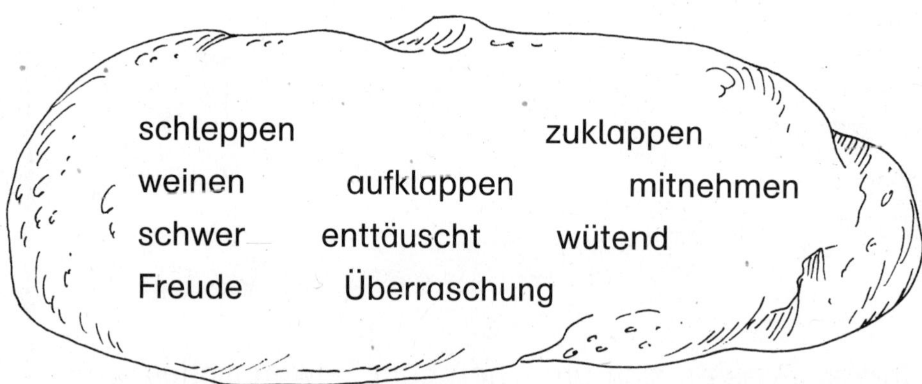

Mein Glücksstein

Eine meiner Lieblingsbeschäftigungen besteht darin flache Kiesel über das Wasser springen zu lassen. Meistens gelingt es mir, dass sie dreimal springen. Mein Vater ist ein Meister darin und schafft es sogar sechs- oder auch achtmal.
Als mein Arm beim letzten Mal lahm wurde, machte ich mich auf die Suche nach besonderen Steinen. Nach einer Weile machte ich einen tollen Fund.

Schreibe die Geschichte zu Ende.
Beachte dabei die Überschrift!

Flunkerstein-Geschichten

Weißt du, was ein Flunkerstein ist?
Er sieht aus wie ein normaler Stein, kann dich aber verwandeln.
Du wirst zu dem Gegenstand, Tier oder Menschen, dem gerade deine Gedanken gelten.
So kann z. B. Folgendes passieren:

Das Honigbrot

Einmal hat mit meine Mutter eine Scheibe Brot mit Butter und Honig bestrichen. Ich sah ihr dabei zu und umfasste meinen Flunkerstein. „Jetzt wäre ich gerne eine Biene,“ dachte ich, „dann könnte ich Nektar sammeln und müsste keine Hausaufgaben machen.“ Und – schwupp-di-wupp – schon war ich eine ...

oder:

Im Kaufhaus

Als ich gestern im Kaufhaus war, habe ich mir zuerst eine Tafel Schokolade gekauft. Anschließend ging ich auch noch in die Spielwarenabteilung. Dort griff ich nach meinem neuen Flunkerstein, bewegte ihn in meiner Hand und machte mich sofort unsichtbar ...

Entscheide dich für eine Flunkerstein-Geschichte und erzähle sie weiter.

Der Stein-Geburtstag

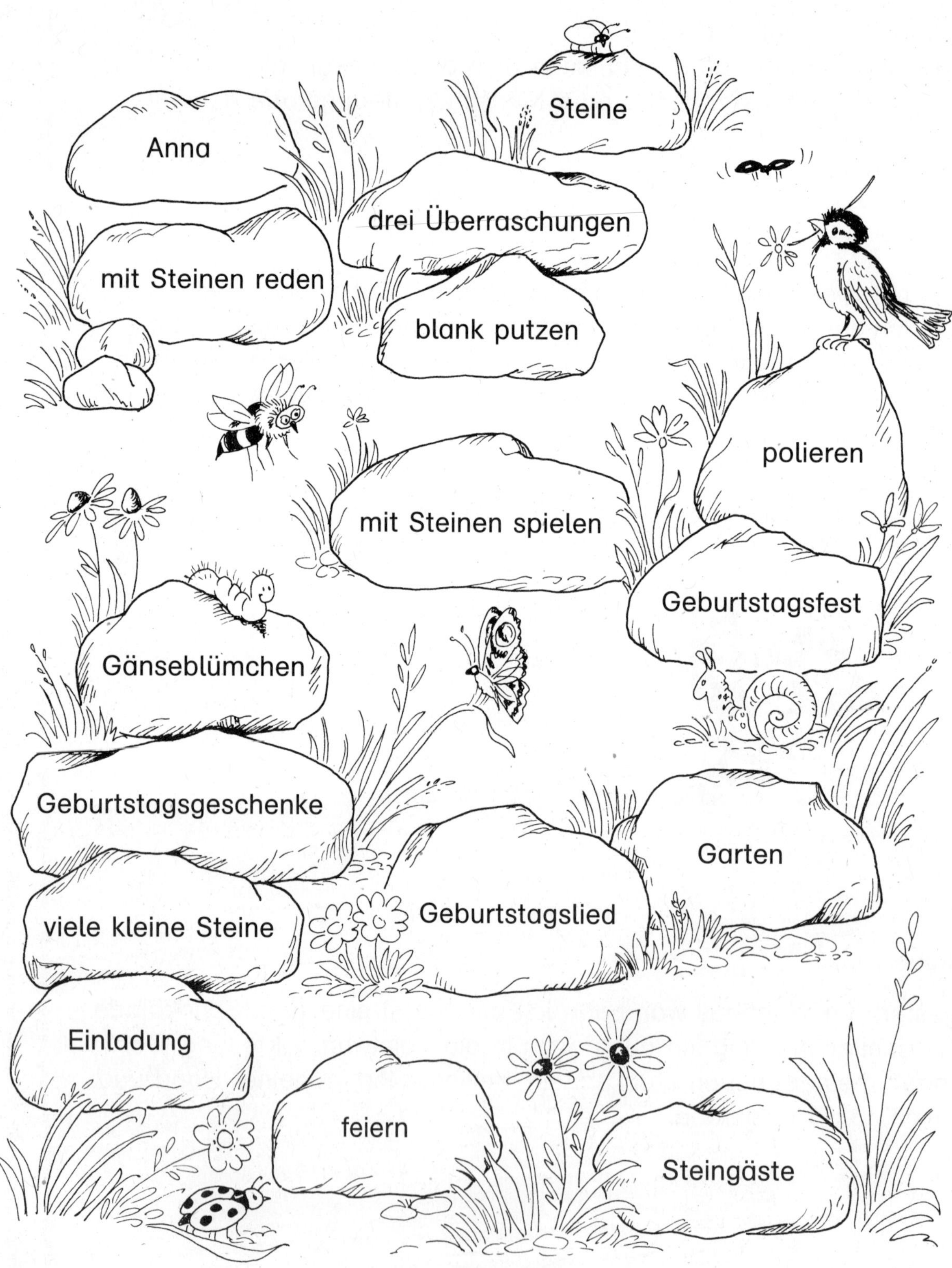

Schreibe aus diesen Wörtern eine Geschichte.
Beachte die Überschrift.

So enden manche Geschichten

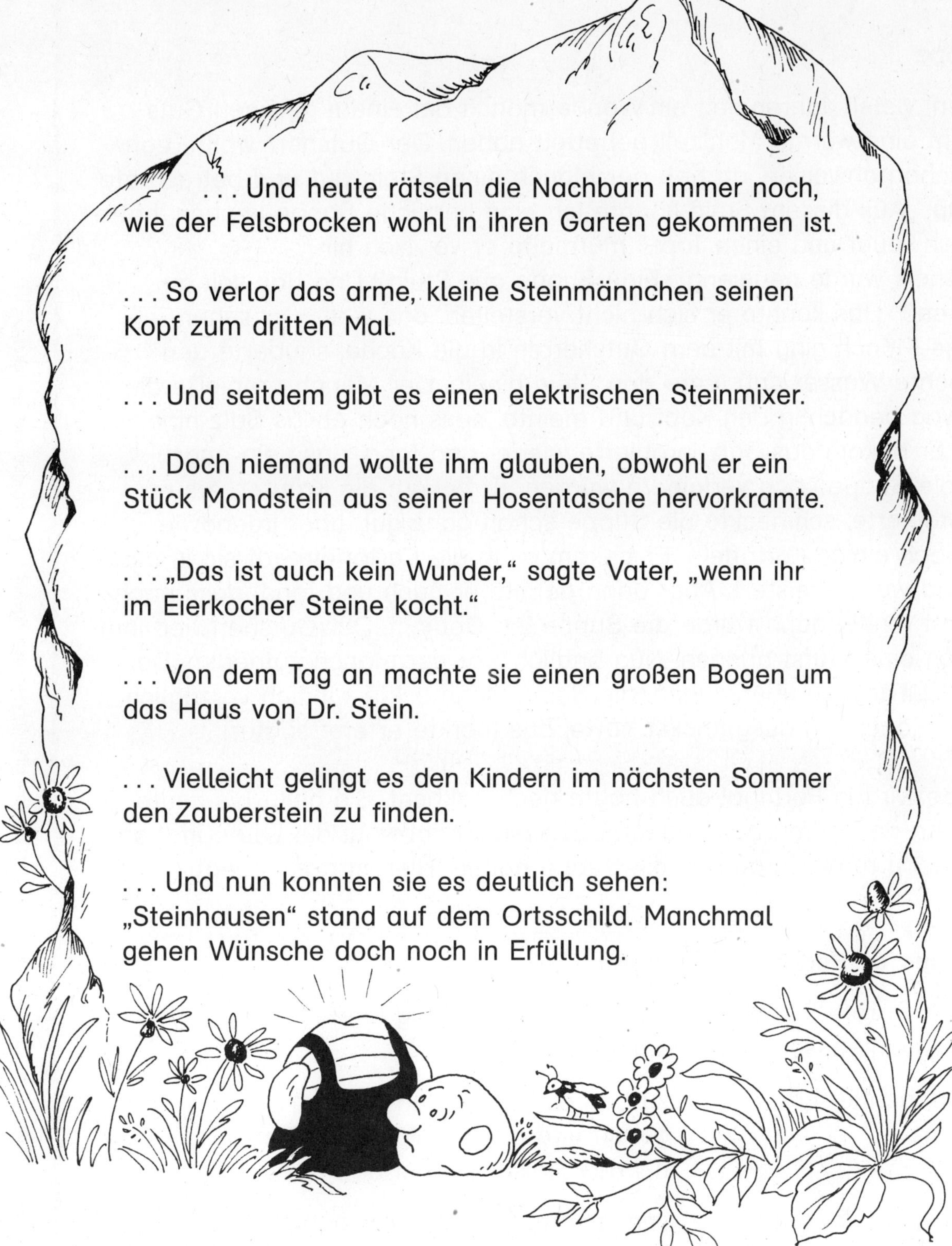

... Und heute rätseln die Nachbarn immer noch, wie der Felsbrocken wohl in ihren Garten gekommen ist.

... So verlor das arme, kleine Steinmännchen seinen Kopf zum dritten Mal.

... Und seitdem gibt es einen elektrischen Steinmixer.

... Doch niemand wollte ihm glauben, obwohl er ein Stück Mondstein aus seiner Hosentasche hervorkramte.

... „Das ist auch kein Wunder," sagte Vater, „wenn ihr im Eierkocher Steine kocht."

... Von dem Tag an machte sie einen großen Bogen um das Haus von Dr. Stein.

... Vielleicht gelingt es den Kindern im nächsten Sommer den Zauberstein zu finden.

... Und nun konnten sie es deutlich sehen: „Steinhausen" stand auf dem Ortsschild. Manchmal gehen Wünsche doch noch in Erfüllung.

Such dir einen Schlusssatz aus und schreibe dazu die passende Geschichte.

Für ein Stein-Fest

In Portugal erzählt man sich folgende Geschichte aus alten Zeiten:

Steinsuppe

Vor vielen, vielen Jahren soll ein Wandermönch bei einem geizigen Gutsherren um eine warme Mahlzeit gebettelt haben. Der Gutsherr wollte den Mönch schon abweisen, da hob der Mönch einen Stein auf und betrachtete ihn genau. „Aus diesem Stein könnte ich eine herrliche Suppe kochen, hätte ich nur ein Feuer und einen Topf," murmelte er vor sich hin.
Der Gutsherr wurde neugierig. „Eine Suppe aus Stein? Und das soll gut schmecken?" Das konnte er sich nicht vorstellen, das wollte er sehen.
Der listige Mönch ging mit dem Gutsherren in die Küche, säuberte den Stein, kochte Wasser und legte den Stein hinein. Der Mönch probierte die Suppe, wog bedächtig den Kopf und meinte, dass noch etwas Salz hineingehörte. Er bekam das Salz, probierte wieder und fand, dass ein paar Kräuter die Suppe noch verfeinern würden. Er bekam die Kräuter. Als er wieder probierte, schmeckte die Suppe schon ganz gut, aber irgendwie fehlten noch einige Kartoffeln. Er bekam auch die Kartoffeln, tat sie in die Suppe und war begeistert. Aber dann dachte er nach und fand, dass noch eine Wurst fehlte, dann würde die Suppe ein Gedicht. Der Gutsherr ließ ihm auch noch eine Wurst bringen. Nun endlich war der Mönch zufrieden. Der Gutsherr durfte sich überzeugen, die Suppe schmeckte wirklich vorzüglich. Dass der Mönch ihn ausgetrickst hatte, das merkte er erst später!

Die Suppe wird in Portugal auch heute noch gekocht. Sie heißt bis heute noch „Sopa de Pedra", das bedeutet Steinsuppe, obwohl die Leute im Lauf der Zeit noch mehr Zutaten in die Suppe gaben. Hier ist das Rezept:

Sopa de Pedra (Steinsuppe):

200 g rote Bohnen 1 Liter Wasser	– die Bohnen einen Tag lang einweichen
Suppenfleisch Salz	– zu den eingeweichten Bohnen geben und alles so lange kochen, bis das Fleisch gar ist
1 große Zwiebel	– zerkleinern, in die Suppe geben und mitkochen
2 Mohrrüben 3 große Kartoffeln	– schälen, in die Suppe reiben, noch einmal aufkochen, abschmecken

Fertig ist die Suppe! Guten Appetit!